KB168640

당신이 무슨 생각을 하는지 알고 있다

당신이 무슨 생각을 하는지 알고 있다

언어/표정/몸짓/말투에서
당신은 이미 들켰다!

릴리안 글래스 지음 | 이은희 옮김

 큰나무

지금은 고인이 되신 아버지 아브라함 글래스와

오빠 매니 M. 글래스에게 이 책을 바친다.

훌륭하고 현명했던 두 사람은 진정한 '사람 읽기'의 달인이었다.

내가 그랬듯, 내가 여러분과 나누는 두 사람의 지혜가

여러분의 삶을 풍요롭게 하기를 바란다.

감사의 말

좋은
관찰자가

되
기
위하여

제일 먼저 사랑하는 어머니께 감사의 말을 전하고 싶다. 어머니는 외모만큼이나 마음도 고우셨고, 좋은 관찰자가 될 수 있도록 언제나 나를 이끌어주었다. 늘 그랬듯이 어머니는 이 책을 쓰는 내내 용기를 북돋워주었고, 원고가 책으로 나올 수 있도록 힘써주었다.

빼놓을 수 없는 나의 친구 램비어에게도 감사의 마음을 전해야겠다. 그는 자주 나를 찾아와 웃음을 선사했고, 동물들의 대화법과 동물들이 서로를 이해하는 법을 알려주었다.

이미 고인이 되었지만 폴 칸타루포도 빠질 수 없다. 제일 친한 친구였던 그는 내가 상담심리학 박사학위를 받는 데 많은 도움을 주었다. 내 재능을 인정하고 형언할 수 없는 도움과 지혜를 나누어주었으며, 오랫동안 이 재미있는 주제에 대해 함께 토론하곤 했다. 난 이 친구와의 우정을 영원히 잊을 수 없을 것 같다.

지금까지 만났던 좋은 사람들, 내게 감동을 주고 끝까지 나를 믿어주었던 그 모든 이들에게 진심으로 감사드린다. 그들의 도움과 말 한 마디 한 마디가 내게 얼마나 소중했는지는 이루 다 표현할 수 없다.

릴리안 글래스

사람의 생각을
읽어내는 것도

자
기
경
영
이다

어릴 적부터 나는 평생의 업을 준비해왔다. 바로 언어와 음성의 특징을 분석하는 일이다.

어떤 사람의 언어와 음성의 특징을 분석하면 그의 정신건강을 파악할 수 있다. 말의 빠르기, 음색, 어투, 소리의 크기, 특징, 귀에 거슬리는 정도, 말의 많고 적음 등 이러한 여러 특징은 그 사람의 감정상태는 물론 나아가 성격을 판단할 수 있는 척도가 된다.

동물학자이자 인류학자인 데스몬드 모리스(Desmond Morris)를 비롯해 여러 인류학자들은 연구를 통해, 사람을 정확하게 읽기 위해서는 반드시 표정을 읽을 수 있어야 한다고 보았다. 표정을 이해하면 사람들의 행동과 의사소통을 더 많이 해석할 수 있다고 했다. 또한 몸짓 및 행동과 관련된 책에서는, 표정을 통해 사람의 대화 태도와 말을 해석하는 새로운 방법을 배울 수 있다고 했다.

이 책은 지난 20여 년간 수천 명의 내담자와의 상담에서 얻은 사례와 관찰결과 등을 토대로 만들어졌다.

내담자가 자신이 왜 분노하는지 굳이 말하지 않아도 나는 그가 내 이야기에 귀를 기울이는 모습, 서 있는 자세, 나를 바라보는 눈길만 보아도 그의 심리상태를 정확하게 알 수 있다. 겉으로 드러나는 언어/표정/몸짓/말투를 관찰하고 분석하면 내담자의 성격과 내면의 심리상태를 파악할 수 있기 때문이다. 사람의 언어와 말투가 진실을 드러내는 것처럼, 몸짓과 표정은 거짓말을 하지 않는다. 또한 나는 다양한 사람들에게서 보이는 언어/표정/몸짓/말투의 특징들을 조합해 마침내 성격유형을 14가지로 구분해냈다.

사람들이 사용하는 언어/표정/몸짓/말투라는 의사소통 수단을 관찰해 그들의 진짜 모습을 분석하는 일은 당신의 성격 및 본질을 좀 더 제대로 파악하는 데도 도움이 된다. 또한 가까이 지내야 할 사람과 그렇지 않은 사람을 판단할 수 있게 하여 당신의 삶을 성공으로 이끌고 인생의 질을 높인다.

나는 상담을 통해 내담자들이 의사소통 기술을 익힐 수 있도록 돕는 일을 했다. 내담자들이 걸어온 인생과 그들의 연령층은 실로 다양했으며, 심리적·정서적으로 문제가 있는 사람도 있었고, 다재다능하면서 정신이 건강한 사람도 있었다. 직업적으로는 운동선수, 의사, 치료사, 주부, 사업가, 변호사, 정치가도 있었다. 연예인 중에서는 더스틴 호프만, 훌리오 이글레시아스, 앤디 가르시아, 니콜라스 케이지, 숀 펜, 키아누 리브스, 르네 루소, 멜라니 그리피스, 말리 매틀린 등이 상담을 받았다.

나는 내담자들에게 효율적으로 대화하는 법, 프레젠테이션을 하는 법, 목소리를 좋게 바꾸고 나쁜 언어습관을 고치는 법, 사투리 교정, 자신감을 높이는 법 등 의사소통 기술을 익힐 수 있도록 도왔고, 그들은 그 기술을 통해 사업할 때나 친구를 사귈 때 좋은 대화 상대가 되었을 뿐 아니라 인간경영에 있어서도 탁월한 실력자가 되었다.

나를 찾아온 사람들은 상담 중에 드러나는 사실에 무척 놀라워하는 경우가 많다. 한 예로, 48살의 성공한 사업가 댄은 어릴 적 아버지로부터 폭행당하지 않았는지 묻는 내 질문에 소스라치듯 놀랐다. 댄은 아무에게도 털어놓지 않은 비밀을 어떻게 알아냈는지 의아해했다.

댄은 아버지 이야기가 나올 때마다 얼굴표정이 굳어졌고, 목소리가 떨렸으며, 몸을 미세하게 떨었다. 이런 육체의 변화를 통해 나는 댄이 아버지로부터 학대를 당했다는 사실을 눈치챌 수 있었다. 이렇게 겉으로 나타난 행동을 자세히 관찰함으로써 내면을 알 수 있다.

또 한 예로, 37살의 식당매니저였던 테드는 끊임없이 웅얼거리면서 말끝을 흐리는 경향이 있었다. 190센티미터의 건장한 체구와는 어울리지 않게 그의 목소리는 톤이 높았고, 질문할 때는 발끝을 내려다보았다. 가족에 대해 물어보자, 테드는 시선을 피하면서 고개를 숙인 채 들릴 듯 말 듯한 목소리로 웅얼거렸다.

아이들을 본 지 얼마나 되었냐고 물으니 그는 질문이 끝나기도 전에 갑자기 눈물을 흘리면서 아이들과 소식이 끊긴 지 벌써 몇 년이 지났다고 했다. 테드의 말투와 몸짓은 불안감과 낮은 자신감, 아이들을 버렸다는 것에 대한 죄책감을 보여주고 있었다. 테드가 사람들과 제대로 대화할 수 없었던 근본적인 이유는 바로 아이들이었던 것이다. 테드는 책임감 있는 사람처럼 말하고 행동할 필요가 있었다.

나는 테드에게 제일 먼저 아이들을 수소문해 보라고 조언했다. 결국 테드는 아이들을 찾아 관계를 회복했다. 사랑하는 아이들과 재결합하자, 테드의 목소리는 적당한 톤을 찾고 또렷해졌으며 맑게 울렸다. 그는 더 이상 말끝을 흐리지 않았고, 말을 할 때 고개를 숙이지도 않았다.

무명배우들의 언어/표정/몸짓/말투를 바탕으로 그들의 성공 가능성을 감지해 스타덤에 오를 수 있도록 용기를 준 경우도 있다. 그중 한 사람이 바로 앤디 가르시아다.

그가 내 사무실에 발을 들여놓은 순간, 나는 그가 머지않아 대스타가 되리라는 것을 알 수 있었다. 가르시아는 자신 있게 걸었고, 적당히 힘을 주어 악수했으며, 대화할 때는 눈을 마주쳤다. 그는 균형이 잡혀 있었고 화려한 언변을 자랑하면서, 섬세하고 집중력이 있었다. 할리우드에서 흔히들 말하는 것처럼, 앤디 가르시아는 '그것'을 갖고 있었다. '그것'이란 어떤 사람이 말할 때 '그에게 시선을 주고 싶게 하는 매력'을 말한다.

표정과 몸짓도 마찬가지다. '그것'은 일종의 문을 여는 장치와 같다. 사람들이 자기 자신을 드러내는 방법이자 자기 존재를 느끼는 방법이기 때문이다. 이 책 전반에 걸쳐, 나는 '그것'을 가진 사람들이 세상을 어떻게 읽는지 보여줄 것이다.

이처럼 언어/표정/몸짓/말투라는 의사소통의 4가지 수단을 통해 사람을 읽으면 그 사람의 성격을 파악하는 것은 물론 앞으로의 일도 예상할 수 있다. 이는 직접 대면하지 않고 사진을 통해서도 가능하다.

한 예로, 나는 〈뉴스위크〉지의 요청으로 티나 터너, 헬렌 헌트, 샤론 스톤이 비슷한 포즈를 취한 잡지표지를 보고 그들이 제각기 어떤 말을 하려고 하는지 관찰/분석한 일이 있다. 그들은 모두 손을 엉덩이에 올린 채 팔을 벌리고 있었는데, 사진을 통해 그들에게서 전달받은 메시지는 사뭇 달랐다. 샤론 스톤은 "난 섹시해요. 어서 날 가져요."라고 외치는 반면, 헬렌 헌트는 "날 봐요, 난 여러분과 똑같은 사람이에요."라는 편안한 메시지를 보내고 있었고, 티나 터너는 여성의 힘을 과시하고 있었다.

또 한 예로 잡지 〈레드북〉에, 여러 스타 부부의 사진을 통해 그들의 관계를 분석한 글을 기고한 일이 있다. 그중 톰 행크스와 아내 리타 윌슨의 사진이 있었다. 둘은 서로를 애정 어린 눈빛으로 바라보며 진심으로 행복해하고 있었다. 서로에게 몸을 기댄 이들은 진정한 부부처럼 보였고, 실제로 그랬다. 그들은 서로의 존재를 감사히 여기고 있었으며, 15년 가까운 결혼생활이 그 사실을 증명했다.

나는 이 책을 통해 누구나 '진실'을 파악할 수 있음을 보여주고자 한다. 진실은 특별한 능력을 가진 사람이나 심령술사, 혹은 직관력이 뛰어난 사람만이 알 수 있는 것이 아니다. 누구나 진실을 알 수 있다. 어떤 사람의 진실이 무엇인지 알 수 있게 되는 것은 인간관계에 무척 도움이 된다.

다른 사람을, 나아가 자기 자신을 얼마나 정확히 읽을 수 있을지는 당신에게 달려 있다. 당신은 이 책을 통해 언어/표정/몸짓/말투라는 의사소통의 4가지 수단으로 사람을 읽고, 그 정보를 정확히 해석하는 연습을 하게 될 것이다. 그다음은 의사소통의 4가지 측면이 구체적인 성격유형과 어떻게 연관되는지 살펴보고, 자신에게 좋은 영향과 나쁜 영향을 미칠 수 있는 사람을 구별하는 법을 배우게 될 것이다.

여러 상담자들이 그랬던 것처럼, 당신도 이 책을 통해 세상을 좀 더 정확히 인식하고, 안정된 자세로 다른 사람을 오판하는 일이 줄어들기를 바란다. 이 책이 당신의 인생을 바꿔줄 수 있기를!

차례

2. 표정 읽기 · 107

3. 몸짓 읽기 · 126

3장. 성격유형 · 183

1. 14가지 성격유형 · 184

2. 좋은 사람 vs 나쁜 사람 · 219

1장. 사람을 읽다

1
사람을
읽는
기술

우리는 누구나 사람의 진심을 알아내고, 주위 상황과 세상을 이해할 수 있는 능력을 타고난다. 상대방을 한눈에 읽는 사람이 있는가 하면, 다른 방법을 모색해야 하는 사람도 있다. 모두가 세상을 똑같이 읽을 수는 없는 것이다.

"그 직원이 너무 못마땅해요!"
"나는 사장이 너무 싫어요!"
"믿을 만한 사람 같았어요!"
"그놈은 순전히 거짓말쟁이예요!"

"그가 좋은 사람이라는 걸 첫눈에 알았어요!"

"그 직원이 언젠가는 큰일 낼 줄 알았어요!"

"그 고객이 돈을 안 갚을 줄 알았어요!"

"다 내 잘못이에요! 왜 직감을 안 믿었을까요?"

뚜렷하게 의식하지는 못하지만, 사실 우리는 회사에서 일상에서 매일 사람을 읽고 있다. 그 사람이 자신에게 있어 좋은 사람일지 아닐지, 정직한지 거짓되었는지, 친하게 지내도 될 만한지 아닌지를 판단하는 것이다. 본질적으로 우리는 무엇이 옳고 그른지를 알고 있으며, 누구나 자연스럽게 직장동료나 친구 등 다른 사람을 읽고 있다. 문제는 대부분의 사람들이 사람을 읽기는 하나 그 느낌을 해석하지 못하거나, 자신이 읽은 정보를 제대로 활용하지 못한다는 데 있다. 이 장에서는 구체적인 사례를 통해 사람을 읽는 것이 인생에 어떤 영향을 미치는지 보여줄 것이다.

마음의 소리를 들어라

사람을 잘못 고용해서 막대한 시간과 돈을 낭비한 적이 있는가? 예를 들어, 공사비가 얼마 안 들 거라고 말하며 시간만 끌다가 나중에서야 바가지를 씌우는 하청업자나 화려한 이력서를 자랑했는데 알고 보니 불성실하고 무책임한 부하직원 등이 있을 것이다. 겉과 속이 다른 사람 때문에 감정적으로나 금전적으로 배신을 당했던 경험은 누구에게나 있다.

언어/표정/몸짓/말투로 사람을 정확하게 파악할 수 있다면 얼마나 좋을까? 그 사람이 소극적인지 적극적인지, 혹은 당신을 믿는다는 그 사람의 말이 진심인지 아닌지를 알 수 있다면 얼마나 좋을까? "오늘 즐거웠습니다. 다음에 또 뵐게요."라는 고객의 말에 마음을 졸이면서 전화가 울리기만을 기다리기보다는, 그 말이 진심인지 아닌지를 알 수 있다면 좋지 않을까? 다른 사람이 거짓말을 하는지 아닌지를 알 수 있다면 우리는 인생에 있어서 소비되는 돈과 시간을 줄일 수 있을 것이다.

하지만 우리는 다른 사람의 마음의 소리를 쉽게 포착하지 못한다. 그 사람의 언어/표정/몸짓/말투에서 자신이 보고 듣고 느낀 것이 진실일 거라고 생각하지 않는 탓이다. 더군다나 느낌에 따라 사람을 판단하는 일은 아주 짧은 시간에 이루어져야 하기 때문에 그것만 가지고 무언가를 결정하기란 더욱 복잡하다. 이로 인해 우리는 잘못된 사람을 선택하고, 잘못된 인간관계에 얽히며, 잘못된 동업자를 구하는 똑같은 실수를 반복한다. 하지만 잊지 마라. 그 사람의 언어/표정/몸짓/말투는 분명 진실을 보여준다는 것을 말이다.

보고 듣고 느낀 것이 곧 진실이다

사기꾼, 살인범, 강간범 등의 범죄자들이 자신이 범인임을 드러내지 않았음에도 이들을 마주한 피해자들은 범죄자들의 행동이 남달랐다고 증언한다. 몸짓이든, 표정이든, 말투든 간에 확실히 무언가 위협하는 느낌이 있었다는 것이다. 이렇듯 상대에게서 받는 느낌을 확실히 알아차리는 것만으로 때로는 자신은 물론 사랑하는 이들의 목숨을 구할 수도 있다.

| 끔찍한 면접

46세의 활달한 수다쟁이 니나는 중요한 면접을 망쳤다며 눈물을 흘렸다.

"왜 그랬는지 모르겠어요. 면접을 하는 동안 전 벙어리처럼 한마디도 할 수가 없었어요. 그런 적은 정말 처음이었어요. 질문에 대한 답은커녕 제 이름도 제대로 말하지 못했어요. 머릿속이 하얘져서 아무 생각도 나지 않았어요. 얼마나 말을 더듬었는지 몰라요. 당연히 면접은 금방 끝났고, 전 면접에서 떨어졌어요. 창피했어요."

니나는 면접에서 왜 그토록 긴장했을까? 당시 상황을 자세히 보자.

니나가 면접실에 들어갔을 때 면접관은 전화통화를 하고 있었다. 니나는 면접관이 전화를 끊을 때까지 우두커니 서서 기다려야만 했다. 면접관은 전화를 끊고 나서도 그녀와 눈을 마주치지 않았고, 인사를 하지도 않았고, 자리에 앉으라고 권하지도 않았다. 니나가 먼저 말을 꺼내려고 하자 면접관은 그녀를 말을 끊으며 앞으로 두 사람이 더 면접을 보러 올 거라고 이야기했다. 니나는 그 이야기를 듣고 불안했다.

면접관은 니나의 이력서와 자기소개서를 보고 있으면서도 그녀의 경력에 대해 전혀 모르는 것처럼 굴었고, 니나가 좋은 아이디어를 두 가지 준비해왔다고 하자 면접관은 그녀를 쳐다보지도 않은 채 쌀쌀맞게 "한 가지만 말하세요."라고 말했다.

니나는 당연히 긴장할 수밖에 없었다. 성대까지 뻣뻣하게 굳어서 단 한마디도 할 수 없었다. 질 수밖에 없는 게임이었다. 니나의 마음은 그것을 알고 있었고 자연히 몸도 그에 반응했다. 이유야 어찌됐든, 불합격이 확실한 마당에 괜히 힘들어할 이유가 무엇이겠는가?

니나에게 그럴 수밖에 없었을 거라고 설명하자 그녀는 울음을 멈추고 웃음을 터뜨렸다.

"제 몸이 그 무례한 사람과 상대하지 말고 입 다물고 있으라고 코치한 거군요."

바로 그렇다!

| 사업상의 실수

잘못 고용한 직원을 새로 대체하는 데 드는 비용은 평균적으로 그 직원에게 준 연봉의 2.5배라고 한다. 즉, 연봉 3,000만 원인 직원을 대체하는 데 드는 비용은 무려 7,500만 원이라는 것이다. 물론 감정적인 비용은 빼고 말이다.

마크는 친구 가브리엘로부터 테레사를 추천받았다. 가브리엘은 테레사가 일을 잘할 뿐 아니라 앞으로 회사의 가장 큰 자산이 될 거라고 했다. 하지만 마크는 테레사의 말투가 왠지 시비조라고 느꼈다. 그녀가 썩 마음에 들지 않았기에 마크는 서둘러 면접을 끝냈다. 테레사가 돌아가자 마음이 편안해질 정도였다.

마크는 가브리엘에게 테레사에 대해 다시 물었다.

"테레사의 말투는 원래 공격적인가?"

가브리엘은 웃으면서 "테레사는 일을 잘해."라는 말만 했다.

마크는 자신의 느낌보다 가브리엘의 말을 더 신뢰한 나머지 테레사를 고용하기로 마음을 정했다. 하지만 머지않아 이 결정이 마크의 경력상 가장 큰 실수였음이 드러났다.

테레사는 적개심이 많고 무례할 뿐 아니라, 일을 시킬 때마다 토를 달았다. 동료들과도 사이가 나빠 부서의 사기를 떨어뜨렸다. 다른 직원들의 신경은 날카로워졌고, 그녀에 대한 불만을 토로했다. 거래처도 테레사의 무례한 태도 때문에 회사를 외면했고 거래처와의 관계는 회복하기 어려운 지경에 놓이게 되었다. 결국 마크의 회사는 금전적 손실을 입게 되었고, 직원들의 사기와 회사의 평판이 떨어진 것은 말할 필요도 없다.

┃부당한 소송

존스는 골칫거리 직원 패티에게서 경제적으로나 감정적으로 배신당할 수 있다는 걸 어렴풋이 느낄 수 있었다. 그러나 그녀의 귀엽고 매력적인 외모와 아름다운 미소, 교태에 넘어갈 수밖에 없었다. 불행히도 존스는 패티의 언어와 말투로부터 전해지는 진실을 무시했다. 하지만 조금만 자세히 관찰했더라면, 그녀는 유능한 직원이 아니라 병원을 찾아가야 할 사람임을 깨달았을 것이다.

패티는 끊임없이 재잘댔을 뿐 아니라 심한 자기도취에 빠져 있었다. 항상 자신이 화제의 중심이 되어야 했고, 자신의 예쁜 얼굴을 질투한 직장동료나 상사들 때문에 무척 고생했다는 이야기를 늘 반복했다. 그러면서 그녀는 직장동료들을 유혹하고 다녔다.

패티가 존스에게 돌려준 결과는 참담했다. 회사를 상대로 성희롱 소송을 걸었던 것이다. 존스는 쓰라린 경험을 하고 난 뒤에야 비로소 보고 듣고 느끈 것이 곧 진실임을 알게 되었다.

| 직감 살리기

스무 살의 린다는 학교 기숙사를 나서던 중, 자신에게 다가오는 한 젊은 남자를 보자마자 알 수 없는 불안감을 느꼈다. 그녀는 시간을 묻는 남자를 무시하고 서둘러 도서관으로 달려갔다. 뚜렷한 이유는 알 수 없었지만, 본능적으로 위협을 느꼈던 것이다. 도서관을 나설 때까지 불안감이 가시지 않았던 린다는 친구 3명에게 기숙사까지 같이 가 달라고 부탁했다.

다음 날 아침, 린다는 신문에서 그 남자의 사진을 보았다. 지난밤 체포될 때까지 그가 여러 여학생을 강간했다는 기사였다. 다행히 린다는 자신의 느낌을 믿은 덕분에 무사할 수 있었다.

| 사기꾼 읽기

32살의 교사 보니는 키가 크고 잘생긴 데다 동화 속 왕자님처럼 낭만적인 38살의 전기기술자 데번을 만나고 있었다. 보니는 데이트 비용을 전부 자신이 부담했지만 크게 개의치 않았다. 임금이 체불되고 있다는 데번의 말을 믿었기 때문이다. 그는 곧 월급을 받게 될 거라고 했지만 몇 주, 몇 달이 지나도 감감무소식이었다.

보니와 데번은 평일에만 데이트를 했다. 데번이 주말에도 출근해야 한다고 했기 때문이다. 그러면서 그는 절대 자신의 직장으로 전화를 하면 안 된다고, 만약 그러면 자신이 해고를 당할 거라는 말도 덧붙였다.

보니는 데번이 어디에 사는지도 몰랐다. 그가 자신의 집이 현재 공사 중이라 완공될 때까지 참으라면서, 훗날 그 집에서 같이 살자고 했기 때문에 보니는 그 말을 믿고 있었다.

데번에게 푹 빠져 있던 보니는 변명을 늘어놓을 때 가늘게 떨리는 그의 눈꺼풀과 깜빡이는 눈, 자꾸만 피하는 시선, 들썩거리는 어깨를 보지 못했다. 그리고 자세한 이야기를 물을 때마다 "저기.", "음."을 연발하는 말투나 흐리는 말끝을 듣지 못했다.

알고 보니, 이 불한당은 잠시 갖고 놀 여자를 찾은 유부남이었다. 그는 보니의 돈과 몸, 마음을 이용했다.

당신의 내면에서 울리는 소리에 귀를 기울여라

| 첫눈에 거부감을 주는 비즈니스 파트너

38살의 인사부 부장 제니퍼는 경쟁사에서 일하는 한 남자를 스카우트하기 위해 만났다. 그런데 그녀는 어딘지 모르게 그 남자가 불편하고 싫었다. 그가 어떤 제스처를 취할 때마다 제니퍼는 무의식적으로 몸을 뒤로 빼는 식으로 거부를 했다.

그 남자는 쉴 새 없이 사적인 이야기를 늘어놓았다. 만남의 이유를 망각한 듯한 그는 심지어 식사가 맛없다고 투덜거리더니 웨이터를 불러 꾸짖기까지 했다.

제니퍼는 그와 함께 한 두 시간이 마치 고문 같았다. 어찌나 이를 앙다물고 있었는지 턱이 아플 지경이었다. 목과 어깨가 뻣뻣하게 굳고, 머리는 깨질 듯이 아팠다. 사무실로 돌아가는 길에 119에 전화라도 걸고 싶은 심정이었다. 결국 그녀는 스카우트 제의를 포기했고, 다른 사람을 선택하기로 결정했다.

이렇게 상대방에 대해서 강한 느낌을 받았을 때, 많은 사람들이 그 이유를 생각해보지 않는다. 그로 인해 상대방을 객관적으로 알 수 있는 단서를 포착하지 못하는 경우가 종종 발생한다. 제니퍼는 자기가 느낀 감정을 인정했기 때문에 후에 발생할 사건을 막을 수 있었다. 사람의 언어/표정/몸짓/말투만으로도 충분히 그 사람을 읽을 수 있다는 것을 잊지 말자.

│ 첫눈에 찾아낸 인생 파트너

성공한 사업가 스티븐은 칵테일 파티에 초대받았다. 기대하던 즐거운 모임이었지만, 그날따라 종일 업무에 시달린 탓에 어서 집으로 돌아가고 싶은 심정이었다.

파티장에 아는 사람이 있는지 주위를 둘러보고 있을 때, 그의 인생을 뒤바꿀 만한 일이 벌어졌다. 홀 건너편에 있던 매력적인 여인을 발견한 것이다. 그는 무언가에 홀린 듯 그녀에게 다가가 자기소개를 하고 재미있는 농담과 칭찬으로 어색한 분위기를 활기차게 바꾸었다. 스티븐은 그녀의 자세와 몸짓, 목소리 등 모든 것에 호감을 느꼈다. 그는 자기도 모르게 더 가까이 다가갔고, 그녀의 얼굴을 바라보는 동안 미소를 감출 수 없었다. 그 순간 코앞에서 폭탄이 터졌다 해도 스티븐은 개의치 않았을 것이다. 그녀에게서 눈을 뗄 수 없었다. 그저 그녀와 함께 있고, 계속 바라보고 싶었다. 숨이 막힐 것 같았다. 가슴은 쿵쾅거렸고 목이 잠겨 제대로 말을 할 수 없었다.

영원처럼 느껴졌던 시간이 지난 후, 그는 용기를 내서 명함을 부탁했다. 신비의 여인은 흔쾌히 명함을 내주었다. 스티븐은 그녀에게 전화를 걸었고, 둘은 6개월 전까지 데이트를 했다. 결혼식을 올린 그날까지 말이다.

스티븐이 느꼈던 즐거운 끌림을 보라. 그의 첫 번째 반응은 여인에게 다가가 말을 걸고 싶다는 본능이었다. 그녀 곁에 있을 때 육체적으로도 변화가 있었다. 그는 숨을 쉴 수조차 없었고 얼굴은 화끈거렸고 심장은 빨리 뛰었으며 평소보다 더 많이 웃었다. 모든 것을 좀 더 자세하게 관찰하고 더욱 주의 깊게 귀를 기울였다. 자세는 한결 곧아졌고, 에너지가 샘솟았다. 그녀에 대해 '혹시나' 하는 생각을 전혀 느끼지 않은 것이 성공적인 만남으로 이어진 것이다.

| 주의 깊게 살펴야 할 파트너

당신의 내면에서 그건 아닌 것 같다고, 거짓말 같다고, 느낌이 안 좋다는 울림이 있다면 그게 맞을 것이다. 내면의 소리에 귀를 기울여라! 몸은 그 소리를 알고 있으며 본능적으로 반응한다. 내면의 소리는 진실이다.

세상에는 사기꾼, 거짓말쟁이, 바람둥이 등 자기가 원하는 것을 차지하기 위해 거짓말을 일삼는 나쁜 사람들이 있다. 말쑥한 옷차림에 화려한 언변을 자랑하기 때문에 겉보기에는 점잖아 보일지 몰라도 이들의 진짜 정체를 드러내는 신호가 반드시 있다. 앞으로 우리는 이러한 신호를 살펴보고 거짓말쟁이를 판별하는 방법에 대해 이야기할 것이다.

능수능란한 거짓말쟁이에게 어떻게 속지 않겠느냐고 생각할 수도 있다. 하지만 언어/표정/몸짓/말투에 주의를 기울이면, 그들은 당황하기 시작할 것이다. 그러므로 주위 환경과 주변 사람들을 완벽하게 의식하고 언어/표정/몸짓/말투를 잘 보고 들어야 한다.

사람들이 무슨 말을 하는지, 그들이 말할 때 어떻게 보이고 들리는지 주의 깊게 살펴보라. 보고 싶은 것을 보고 듣고 싶은 것을 듣지 마라. 실제로 보이고 들리는 것을 보고 들어라. 그러면 많은 시간을 절약하고, 고통을 최소화할 수 있을 것이다.

2
사람 읽기
실
전
심리학

자신의 내면에서의 울림이나 직감은 설명할 수 없는 현상이라고 믿는 이들이 많지만 실은 그렇지 않다. 언어/표정/몸짓/말투로 사람을 읽으면 그 사람에 대해 알게 되며 그에 따라 본능적으로 몸이 움직이게 된다.

사람을 읽는 능력은 단순한 기술이 아니라 학문이다. 이는 자신의 감각과 조화를 이룰 때 더욱 높아지는 인식능력인 것이다. 공포 · 분노 · 행복 등의 감정은 두뇌에서 일어나고, 두뇌는 이러한 감정을 어떻게 말과 행동으로 전달할지를 관리한다. 어떤 사람의 언어/표정/몸짓/말투 등은 복잡한 두뇌 회로의 산물이다.

의사소통의 4가지 수단 : 언어/표정/몸짓/말투

의사소통의 기본적인 4가지 수단 즉 언어/표정/몸짓/말투는 두뇌에서 처리된다. 이 중 언어와 말투는 청각적으로 처리되고, 표정과 몸짓은 시각적으로 처리된다. 이 장에서는 이 4가지 수단을 대략적으로 살펴보고 다음 장에서 보다 자세히 이야기할 것이다.

이 4가지 수단을 통해 입수된 정보는 두뇌의 여러 부위에서 처리되지만, 결국 두뇌는 이 정보에 정서적으로 어떻게 반응할지를 판단한다. 따라서 모든 수단으로부터 모은 정보를 통합해보면, 한 사람의 성격유형을 알 수 있다.

그다음 두뇌는 한 사람의 성격유형에 대한 정서적 판단을 근거로, 그 사람이 나에게 어울리는 사람인지 아닌지를 평가하기 시작한다. 이 4가지 수단을 바탕으로, 앞으로 3장에서 이야기할 14가지 성격유형 중 하나의 상을 뚜렷하게 그릴 수 있다. 그리고 이러한 4가지 수단을 해석하면서 언어/표정/몸짓/말투가 어떻게 겉으로 드러나는지 이야기할 것이다.

의사소통과 관련된 기존 책들처럼 겉으로 드러난 모습만으로 판단하는 것은 대단히 위험할 뿐 아니라 편견을 낳을 수도 있다. 하지만 이 책의 주제는 전혀 다르다. 상대방을 무조건 의심하라는 게 아니라 좋은 사람을 만날 수 있도록 도움을 주고자 하는 것이 이 책의 목표다.

이 책은 다른 사람들이 보내는 신호를 의식하고 자신에게 이로운 사람인지 해로운 사람인지 판단할 수 있도록 도와줄 것이다. 상대방의 어떤 행동은 허용할 수 있고, 또 허용해선 안 되는지를 깨닫게 될 것이다. 나아가 인생의 중요한 사람들에 대해 올바른 결정을 내릴 수 있도록 안내해줄 것이다.

| 언어

목소리는 그 사람의 내면에 대해 약간의 단서를 제공한다. 목소리뿐 아니라 말할 때 사용하는 단어와 내용도 중요하다.

상대방은 말을 통해 실제로 어떤 것을 전하려 하는가?

그는 솔직한가?

언뜻 들으면 칭찬 같지만 잘 들어보면 비꼬는 말 같은가?

상대방을 험담하는가?

자기 이야기만 늘어놓는가?

문법이나 어휘는 정확한가?

직접적으로 표현하지 않았지만, 그 말에 담겨진 진짜 의미는 무엇인가?

| 표정

모든 사람의 얼굴에는 표정이 있고, 우리는 표정을 통해 사람을 읽는다.

표정은 상대방이 말을 할 때, 들을 때 얼굴에 드러난다.

다른 사람의 말을 들을 때,

입을 벌리는가 오므리는가?

눈썹을 찌푸리는가?

먼 곳을 바라보는가?

시선을 피하는가?

표정을 자세히 관찰하면 그 사람의 진심을 읽을 수 있다.

| 몸짓

몸짓은 걷고, 앉고, 서 있는 등의 여러 자세로 개인의 청사진과 같다.

앉아 있을 때 공간을 얼마만큼 차지하는가?

나란히 앉을 때 얼마나 가까이 앉는가?

이렇듯 우리는 상대방이 보이는 몸짓을 읽을 수 있다.

| 말투

말투는 상대방을 정확하게 파악할 수 있는 중요한 단서다.

전화를 받을 때 경험했을 것이다. 수화기 건너편에서 들리는 목소리를 통해 우리는 순간적으로 분위기를 감지할 수 있다.

말투는 목소리의 높낮이와 특징—우물거린다, 말끝을 흐린다, 언짢은 듯 말한다, 귀에 거슬린다, 침울하다, 거칠다, 숨을 헐떡인다, 예쁘다, 낭랑하다, 굵다, 공격적이다, 감미롭다, 단조롭다—과, 말소리의 크기 및 말의 빠르기 등과 관련된다.

느낌을 자문해보라

어떤 상황에서든 감정적 분위기를 정확하게 파악하는 것이 중요하다. 상대의 언어/표정/몸짓/말투를 읽을 수 있다면 어떤 상황에서나 부정적인 분위기를 재빨리 파악해 마음의 상처를 받지 않게 될 것이다.

위험한 사람은 반드시 경계해야 한다. 좋든 싫든 이 세상에는 상처를 주는 위험인물이 있음을 상기하자. 위험인물들은 당신의 사회적 생활과 행복과 건강에 해를 입힐 것이다.

4가지 수단을 통해 누군가를 읽었다면 제일 먼저 그가 어떻게 느껴졌는지 자문해보라. '느낌이 좋은가, 나쁜가?' 이 간단한 질문만으로도 많은 슬픔을 피할 수 있다. 그러나 대부분의 사람이 어떤 조처를 취하기는커녕 이 간단한 질문조차 하지 않는다.

만일 어떤 사람이 계속 기분 나쁘게 느껴진다면 왜 그와 가까이해야 하는지 자문해보라. 예를 들어, 어떤 사람과 동업할 것인지를 결정해야 할 때 위의 질문을 자문해보면 당신에게 큰 이익이 될 실마리를 제공할 것이다.

두뇌의 최대 능력을 이끌어내라

| 감정과 음성의 비밀누설

최근 뇌신경이 표정과 음성기관 모두를 통제한다는 연구결과가 발표되었다. 이는 표정을 관리하는 두뇌 자극이 음성기관도 관리한다는 의미다. 나는 이것을 '음성의 비밀누설'이라고 부른다. 아무리 감추려 해도 진짜 감정이 표정과 목소리에서 '누설'되는 것이다.

| 신경계를 통한 의미 파악

어떤 사람이 뇌졸중에 걸렸다고 가정해보자. 뇌졸중에 걸리면 언어를 담당하는 좌뇌가 손상되어 말을 더듬고 같은 말을 반복하게 된다. 이 부위가 손상되면, 두뇌 활동이 원활하게 이루어지지 않으며 다른 두뇌 부위에 이를 보상하도록 명령한다. 따라서 뇌졸중에 걸린 사람은 오른쪽 신경계를 통해 말을 듣고, 의미를 해석하며, 해야 할 말을 생각한다. 그리고 여러 신경계를 자극해 안면 근육을 통제하게 한다. 이보다는 덜하지만, 거짓말쟁이에게도 똑같은 신경변화가 일어난다. 그리고 그 거짓말을 간파하기 위해서는 고도의 기술이 필요하다.

순간적인 표정의 변화든 말투의 변화든 미세한 변화를 본능적으로 쉽게 간파할 수 있어서 상대방의 의중을 정확하게 파악한다고 상상해보라. 상대방이 제아무리 본심을 숨기려 한다 해도 의사소통의 4가지 수단에 정통하면 누구나 진짜 의미를 파악할 수 있게 된다.

| 두뇌를 통한 감정파악

자기계발서 저자들은 성별의 차이에 대해 많은 오해를 하고 있다. 그중에서도 좌뇌는 '여성'의 뇌로, 우뇌는 '남성'의 뇌로 일컬어져 왔다. 하지만 이것은 잘못된 말이다. 사실 두뇌는 좌뇌와 우뇌가 복잡하게 얽힌 하나의 단위로 기능하며, 두 반구는 분리된 것이 아니다.

뇌는 피질이라고 하는 외피에 둘러싸여 있다. 뇌는 기능이 다른 네 부위로 나누어볼 수 있는데, 전두엽은 고도의 정신작용을 담당하고, 두정엽은 감각을, 후두엽은 시각을, 측두엽은 청각과 언어감각 등을 담당한다. 하지만 여러 연구자료를 보면 많은 기능이 교차하고 있음을 알 수 있다.

목소리와 말투는 기본적으로 언어를 담당하는 좌뇌에서 결정된다. 어떤 목소리를 듣고 특정 말투에 귀를 기울이거나, 아는 사람이나 모르는 사람을 봤을 때 일어나는 구체적인 감정은 대뇌변연계에서 이루어진다. 정서적인 반응 중에는 긍정적인 것도 있고 부정적인 것도 있다. 분노, 사랑, 희열, 혐오, 슬픔 같은 감정은 대뇌변연계를 통해 이루어진다. 특정한 소리, 말투, 단어에 따라 긍정적인 감정을 갖기도 하고 부정적인 감정을 갖기도 한다.

| 두뇌를 최대한 활용해서 느낌 찾기

명상의 개념을 연구한 학자들은 두뇌에는 엄청난 잠재성이 있으며, 명상에 집중하면 그 잠재성을 더욱 끌어올릴 수 있다는 결론을 내렸다. 두뇌의 신비를 벗기고 두뇌의 해부학과 기능에 대해 더 많은 것을 알게 되면, 특정 부위를 개발해 더욱 생산적으로 살아갈 수 있다.

감정을 담당하는 두뇌 부위에 접근해 자극하는 법을 알게 되면 더욱 풍요롭고 더 나은 삶을 영위할 수 있으며, 위험신호를 빠르게 감지하고 상대방이 좋은 사람인지 사기꾼인지를 판단할 수도 있을 것이다.

이를 위해서는 먼저 두뇌의 두 부분, 즉 정보를 객관적으로 보고 듣는 피질과 감정을 느끼는 대뇌변연계가 어떻게 통합되는지를 알아야 한다. 이 모든 것은 느낌을 인식하는 훈련을 통해 가능하다.

존스 부인은 두뇌의 피질에서 남편의 공격적인 말투를 들었다. 그녀는 이 정보를 좌뇌와 우뇌에서 처리했고, 그곳에서 남편이 자신의 말을 오해하고 있음을 깨달았다. 그리고 좌뇌를 통해 남편의 흐트러진 옷매무새와 다른 여자에게 전화한 통화 내역을 시각적으로 받아들였다.

이번엔 두뇌의 깊숙한 부위를 통해 객관적으로 보고 들은 것들을 느낌으로 파악했다. 그녀는 배신에 따른 분노와 질투, 결혼생활이 끝났다는 슬픔을 느꼈다. 그녀는 두뇌의 두 부분이 보내오는 느낌을 모두 취합해서 감정을 정리할 수 있었다.

| 좋지 못한 감정에 빠지기

사람을 읽는다는 것은 지극히 감성적인 경험이다. 단순히 행동을 파악하고 그 사람의 성격유형을 분석하는 것만으로는 부족하다. 먼저 자기 자신이 어떤 성격유형을 좋아하고 싫어하는지, 상대방의 성격유형으로 말미암아 자신의 감정이 어떻게 변하는지를 알아야 한다.

많은 사람들이 자신의 느낌에 관심을 두지 않으려고 하거나 어떻게 자신이 받은 느낌을 활용하는지 모르는 경우가 많다. 특히 가정환경이나 기타 여러 가지 이유로 자신의 감정을 파악하는 데 익숙하지 않은 사람은 더욱 당황할 수밖에 없다.

저마다 좋아하거나 싫어하는 것을 보고 들었을 때 거기에 반응할 수 있는 신경학적 능력을 갖추고 있지만 이에 제대로 반응하지 못하는 경우가 많다. 심지어 며칠, 혹은 몇 주 뒤에야 반응하는 경우도 있다.

왜 많은 사람들이 자신의 느낌에 '곧바로' 반응하지 않는 것일까? 왜 지체하면서 때를 놓치는 것일까? 답은 간단하다. 감정적 상처를 받았기 때문이다. 옴짝달싹 못할 만큼 겁에 질렸던 경험이 있기 때문이다.

누가 다가와 갑자기 뺨을 때린다면, 대부분의 사람은 너무 놀라 꼼짝도 못할 것이다. 무례하거나 욕설을 마구 퍼붓는 사람 때문에 감정적으로 상처받았을 때도 마찬가지다. 상대방의 말과 행동에 즉시 대응하기도 하고 뒤늦게 대응하기도 한다. 재빨리 받아치고 싶지만 곰곰이 생각하고서 며칠이 지난 뒤에야 화가 나는 경우도 있다. 그제야 비로소 상대방의 진의를 깨닫기 때문이다.

감정적으로 상처를 받으면 큰 충격에 빠지게 된다. 대부분 그런 일을 예상하지 못했기 때문이다. 그래서 감정이 마비되고 아무런 반응을 보이지 못하는 것이다.

| 뒤늦게 적이라는 것을 알았을 때

폴이 산드라를 알게 된 지 벌써 15년이 지났다. 둘은 동업자였고 서로를 존중했다. 그들은 서로의 가족을 챙기고 크리스마스 선물을 주고받기도 했으며, 저녁식사 초대를 하기도 했다. 둘은 항상 즐거운 대화를 나누었다.

폴은 산드라를 위해 할 수 있는 일이 있다면 최선을 다해 도왔다. 새로 회사를 개업하면서 폴은 그녀에게 일자리를 제의하기도 했다. 산드라는 폴의 회사로 이직하면서 전보다 세 배나 많은 급여를 받았다.

폴은 손해를 감수하면서까지 산드라를 도와주었다. 그는 좋은 친구이자 착한 사람이었다. 만일 자신이 곤경에 처한다면 그녀 역시 자신에게 똑같이 해주리라 믿었다.

얼마 뒤 폴은 산드라에게 도움을 청할 일이 생겼다. 폴이 부탁을 하자마자 산드라는 몸이 뻣뻣하게 굳더니 이마에 주름이 잡히고 눈썹을 찌푸리며 헛기침을 했다. 그 표정과 몸짓에서 폴은 그녀가 자신의 부탁을 거절하리라는 것을 알 수 있었다. 그는 그 순간 그동안 자신이 손해를 감수하면서까지 베푼 호의를 그만둘 때가 되었다는 것을 뒤늦게 알아차렸다. 폴이 그녀의 행동을 통해 받은 느낌을 인정하지 않았다면 얼마나 끔찍했을지 상상해보라.

| 신호를 느껴라

어렴풋이 나쁜 일이 일어날 것 같은 느낌이 들었다면, 정말로 그런 일이 벌어졌을 때 그리 놀라지 않을 것이다. 다른 사람의 언어/표정/몸짓/말투를 정확히 인식한다면 앞으로 무슨 일이 일어날지 알 수 있다. 이렇듯 미리 알 수 있다면 정말로 나쁜 일이 벌어지기 전에 예방할 수 있을 것이다.

칩은 상사가 자신을 해고할 것 같은 느낌을 받았다. 상사의 비서인 롤라와 전화통화를 했을 때였다. 평소 그녀는 칩의 목소리를 들으면 반가워했는데 이번엔 웬일인지 무뚝뚝하고 퉁명스럽게 대꾸했다. 그녀의 말투를 통해 칩은 자신에게 무슨 일이 일어날 것인지 예감할 수 있었다.

칩은 상사와 조금씩 멀어지고 있었다. 평소에는 농담도 자주 하고 다정한 제스처도 많이 하던 사이였는데, 어느 날부터 상사는 칩에게 말을 걸지 않고 거리를 두고 있었다. 더 이상 상사는 칩을 바라보지 않았다. 어쩌다 칩과 얼굴이 마주치면 표정이 굳어졌다.

칩은 나쁜 소식을 듣는 건 시간문제라고 생각했다. 결국 칩은 해고 통보를 받았다. 다소 실망하기는 했지만, 미리 예상하고 있었기에 그리 큰 상처를 받지는 않았다.

칩은 두뇌 전체를 활용해 전반적인 상황을 인식했기에 앞으로의 일에 대비할 수 있었다. 시각과 청각을 담당하는 두뇌 부위를 통해 상사와 비서가 주는 부정적인 의미를 파악했다. 그리고 두뇌의 정신적인 면을 사용해 자신의 느낌을 파악했다.

가능한 한 빨리 두뇌의 최대 능력을 이끌어낸다면, 그만큼 빨리 다른 사람을 읽고 진실에 대처할 수 있을 것이다.

3
온몸으로
읽는
는
법

사람을 잘 읽는 이들은 자신의 본능을 믿는 것 외에 많은 공통점을 갖고 있다. 다음은 사람을 잘 읽는 이들의 특징이다. 아래 특징을 익히고 활용하겠다는 목표를 세워라.

★ 사람을 잘 읽는 사람들의 10가지 특징

1. 과거의 경험에서 배우고, 똑같은 실수를 반복하지 않는다. 나쁜 인간관계에서 겪었던 느낌을 생생하게 기억한다. 그때의 나쁜 감정이 너무나 컸기 때문에 다시는 똑같은 일이 일어나지 않도록 노력한다.

2. 상대방의 언어, 말투, 말할 때의 모습 등을 주의 깊게 관찰한다. 때문에 상대방이 했던 말을 정확하게 기억한다.

3. 상대방의 반응—행동, 독특한 몸짓, 표정—을 끊임없이 관찰함으로써 상대방이 자신을 어떻게 느끼는지, 자신이 상대방을 어떻게 느끼는지를 파악한다.

4. 자신이 처한 상황을 통해 본인의 느낌을 정확히 알기 때문에 분노나 사랑, 공포, 지루함 등 모든 감정을 두려움 없이 표현한다.

5. 주위에서 일어나는 모든 일을 의식하며, 위험하거나 생명이 위협받는 상황에 처하지 않도록 노력한다.

6. 좋은 사람들을 주위에 두는 법을 알기 때문에 자신이 승자가 되리라는 것을 안다. 또한 스스로 역경을 잘 헤쳐 나갈 뿐 아니라, 크게 성공하리라고 믿는다.

7. 작은 부분에 세심한 관심을 기울이면서도 크게 볼 줄 알고, 사소한 일에서도 행복을 느낀다.

8. 기억력이 좋다. 주위에서 일어나는 일에 관심이 많고 항상 사람들을 파악하기 때문에 기억력이 더욱 좋아진다.

9. 사회적으로 그릇된 결정보다는 올바른 결정을 내리는 경우가 많다.

세부적인 내용과 올바른 선택을 알기 때문에 이들이 감수하는 위험은 계산과 신중한 생각에서 비롯된 것이다. 또한 주위의 압력에 영향을 받지 않는다.

10. 진실하고 믿을 만한 친구들이 많고 사람들과 가깝게 지낸다. 항상 다른 사람의 반응에 관심을 기울이기 때문이다. 그리고 자신의 느낌과 감정을 편안하게 표현하기 때문에 관계는 더욱 돈독해진다. 정확한 판단력을 내리는 이들은 문제를 일으키거나 상처를 줄 만한 친구나 배우자를 선택하는 일이 드물다.

잊지 마라, 지식은 힘이다. 이제 자신의 본능을 믿고 상대방을 읽을 줄 아는 이들의 특징을 알게 되었다. 앞으로도 계속 이에 대해 언급할 것이다.

이런 특징을 많이 알면 알수록 상대방의 속뜻과 진실한 모습을 보다 정확하게 파악할 수 있다. 그리고 이러한 지식을 행동으로 많이 옮길수록 누군가를 만났을 때 단 10초 만에 '진짜'와 '가짜'를 쉽게 구별할 수 있게 되는 것이다.

이제 지난 몇 년간 내가 내담자들에게 가르쳤던 방법, 즉 사람을 읽는 기술과 관련된 연습을 알아보도록 하자. 이 연습은 사람을 정확하게 파악할 수 있도록 고안된 것으로, 연습을 많이 하다 보면 사람을 더욱 예리하게 읽을 수 있을 것이다. 나아가 더욱 능숙하게 사람을 읽고 진의를 파악할 수 있게 될 것이다. 사람을 읽는 능력이 높아질수록 통찰력이 깊어지고 인생은 더욱 행복해진다.

멈추고, 보고, 듣는 법

우리는 초등학교 때부터 빨간불을 보면 멈추고, 파란불일 때 건너며, 골목길에서는 차가 지나가는지 살펴야 한다는 교통규칙을 배운다. 이 간단한 규칙을 어기면 교통사고로 인해 생명이 위태로울 수 있다. 이 원칙을 사람을 대할 때도 적용해보라. 잠시 멈추고, 보고, 듣지 않는다면 인생이 위험에 처할 수도 있다. 또한 일상생활에서나 직장생활에서 다른 사람과 관계를 맺기 전에 멈추고, 보고, 듣는 법을 익힌다면 잘못된 결정을 후회하며 밤을 하얗게 지새우지 않아도 될 것이다. 이렇듯 잠시 멈춰 서서 상대방의 언어/표정/몸짓/말투를 관찰하고 '이 사람의 기분이 좋은가, 나쁜가?'에 귀를 기울인다면 많은 불행을 피할 수 있다.

이제 연습을 시작해보자. 처음에는 어색할 수 있지만, 몇 번 연습하다 보면 자연스러워질 것이다. 그리고 어떤 상황에 부닥치게 되든지 상대방을 제대로 읽을 수 있을 것이다.

| 연습 1 : 의자놀이

어릴 적 의자놀이를 해 본 적이 있을 것이다. 노래를 부르면서 의자 주위를 빙글빙글 돌다가 '그만'이라는 소리가 들리면 재빨리 의자에 앉는 게임이다. 노래가 멈춘 순간, 게임을 계속할 수 있을지 아니면 자격을 박탈당할지가 결정된다. 의자를 차지한 아이는 기쁨의 환호성을 지르고, 의자를 차지하지 못한 아이는 게임에서 제외된다.

사람을 만날 때, 마음속으로 의자놀이를 떠올려보자. 잠시 멈추고 그 사람에 대해 생각하며 그의 진짜 모습을 파악하는 시간을 갖는 것이다.

일단 2초 동안 입으로 숨을 들이마시고 2초 동안 숨을 멈춰라. 숨을 내쉬면서 상대방에 대한 편견과 오해를 날려 보내라. 그러면 눈과 귀가 포착하는 모든 정보를 선명하게 받아들일 수 있다.

다시 2초 동안 코로 숨을 들이마시면서 상대방의 얼굴을 똑바로 바라보고, 2초 동안 숨을 멈춘 다음, 숨을 내쉬면서 상대방에 대한 시각적 정보를 받아들여라. 계속 이런 식으로 숨을 들이쉬고 내쉬어라. 2초 동안 코로 숨을 들이마시면서 상대방의 자세와 몸, 팔, 손, 얼굴에 집중하라. 입으로 숨을 내쉴 때는 상대방의 말과 목소리에 귀를 기울여라. 호흡을 가다듬으며 상대방에 대한 느낌에 집중하라. 느낌이 좋은가, 나쁜가?

그 사람을 의자에 앉힐지 말지, 즉 계속 당신의 곁에 둘지 말지를 결정했다면 마음속으로 '그만!'이라고 외쳐라. 이 간단한 일을 하는 것만으로 우리는 관계로 인한 불행을 피하고, 행복하고 평화로운 인생을 영위할 수 있다.

| 연습 2 : 관찰하기

관찰하기는 모르는 사람들 속에 있을 때 대단히 좋은 연습이다.

온몸의 긴장을 풀고 자의식에서 벗어나 감정을 의식하지 않고 맑은 마음으로 앞으로 경험하게 될 감정을 받아들이자.

우선 공간을 객관적으로 관찰하자. 가구, 바닥, 벽 등 주위에 있는 사물을 천천히 바라보자. 그다음 영화 속 등장인물을 보듯 사람들을 관찰해보자. 입으로 2초간 숨을 들이마시고 2초간 숨을 멈추었다가 10초간 천천히 숨을 내뱉으면서 의식적으로 마음을 안정시키면, 자신이 받은 느낌을 훨씬 쉽게 파악할 수 있다.

한 명, 한 명씩 사람들이 어떻게 움직이고 어떻게 말하는지 보자. 그들을 보고 있는 당신의 몸에서 어떤 변화가 일어나는가? 육체의 반응에 집중해보자. 호흡 속도가 어떤가? 가빠지는가, 느려지는가? 호흡을 통해 육체적 반응을 측정해보면, 사람들 속에 있을 때의 느낌을 파악할 수 있다.

당신 앞을 지나가는 사람들을 관찰하면서 제일 먼저 생각나는 단어를 떠올려보자. '행복하다', '어색하다', '우울하다' 같이 그 사람에게 적합한 단어를 말이다. 그다음 그 단어가 긍정적인지 부정적인지 평가해보자. 그리고 어떤 사람을 관찰했을 때 당신이 받은 느낌이 긍정적인지 부정적인지를 자문해보자. 이 연습은 지각적인 두뇌 부위뿐 아니라 감성적인 두뇌 부위까지 완벽하게 통합하는 훈련이다.

| 연습 3 : 감정의식

관찰하기를 통해 낯선 사람과 함께 했을 때 그들로부터 어떤 긍정적/부정적 느낌을 받았는지 자문해보았다면, 이번에는 더 나아가 상대방을 대면했을 때의 느낌에 대해 생각해보자. '기분이 좋은가, 나쁜가?', '맥이 빠지는가? 지루한가? 즐거운가? 역겨운가? 불쾌한가?' 그다음은 그 사람으로부터 왜 그런 느낌을 받았는지 이유를 생각해보자.

예를 들어 스미스는 후안이라는 사람을 만났을 때 기분이 좋았다. 그 이유를 생각해보니, 후안과 같이 있으면 스미스는 왠지 자신이 매력적인 사람이 된 것 같은 느낌을 받았다. 후안은 대화를 할 때 스미스의 눈을 똑바로 들여다보고, 감미로운 목소리로 기분 좋은 말을 했기 때문이다.

한편 스미스는 캐리와 있을 때는 어쩐지 기분이 나빴다. 곰곰이 생각해

보니, 그녀가 쉴 새 없이 똑같은 이야기를 반복하는 바람에 그 이야기를 계속 들어야 했던 스미스는 캐리에게 기를 빼앗긴 것처럼 느꼈음을 깨달았다. 캐리는 어찌나 말이 빠르고 시끄러운지 그녀와 상대하는 것이 너무 피곤해 스미스는 당장 낮잠이라도 자지 않으면 못 견딜 지경이었던 것이다.

멈추고, 보고, 자신의 느낌에 집중하며 상대에게서 받은 감정적 영향을 찾아낸다면 당신의 인생에 부정적인 영향을 미칠 수 있는 사람을 피할 수 있게 된다.

| 연습 4 : 사진처럼 선명한 기억

6개월 전이나 1년 전에 있었던 사건을 떠올려보자. 당시 찍어놓은 사진이나 영상이 있다면 더 좋을 것이다. 단, 사진이나 영상을 보기 전에 종이 한 장을 꺼내 그 사건에 대해 가능한 한 자세하게 적어보자.

예를 들어, 지난여름의 휴가를 떠올려보자. 여행하는 동안 어떤 옷을 입었고, 어떤 모자를 썼고, 어떤 신발을 신었고 그 신발은 어떤 색이었는지, 어디를 갔는지 등 자세히 종이에 적어보자.

또 휴가 때 만났던 사람을 떠올려보자. 그들의 이름과 옷차림, 독특한 특징이나 남다른 행동, 그들이 무엇을 먹고 마셨는지 혹은 당신과 그들 사이에 있었던 일 등을 자세히 기록해보자.

정리가 끝났으면, 이제 그 당시에 찍은 사진이나 영상을 보고, 당신이 종이에 적은 것과 얼마나 일치하는지 확인해보자. 당신은 기억력이 얼마나 좋은 편인가? 얼마나 맞히고 얼마나 틀렸는가?

많은 사람들이 자신의 기억력이 좋지 않다고 말한다. 하지만 장담컨대, 신경학적으로 특별한 문제가 있거나 기억력을 저하시키는 약물을 복용한 게 아니라면 기억력이 유난히 나쁜 사람은 없다. 기억력을 최대한 높이는 훈련법을 모를 뿐이다. 사진이나 영상으로 남겨둔 특별한 행사나 사건이 있다면 이 연습을 해 보길 권한다. 이 연습은 주변을 좀 더 정확하게 인식하는 훈련으로, 계속하다 보면 기억력을 놀랄 만큼 향상시킬 수 있다.

사진을 통해 숨은 뜻은 읽는 훈련도 가능하다. 더 많이 알고 싶은 사람의 사진을 보면서 그 사람의 표정과 자세를 자세히 관찰해보자. 그들이 다른 사람과 서 있을 때의 거리 등 특징적인 부분을 찾아보자. 상대방 쪽으로 몸을 기울이고 있는지, 다른 사람과 나란히 서 있을 때 어딘지 불편해 보이는지, 억지웃음을 짓는 것처럼 보이는지, 부자연스러운 느낌이 드는지, 사진을 봤을 때 전체적으로 어떤 느낌이 드는지, 기분이 좋은지 나쁜지, 절로 웃음이 나올 것 같은지, 사람들이 즐거워 보이는지 등등. 사진을 보면서 이 같은 질문에 대답함으로써 사진 속 인물이 감추고 있는 숨은 뜻을 찾을 수 있다. 이러한 훈련은 유명인의 사진을 보는 것으로도 가능하다. 사진 속 인물이 누구이든 간에, 사진을 통해서도 충분히 사람을 읽을 수 있다. 이 훈련을 통해 당신은 겉으로 드러난 것 이상의 것을 알게 될 것이다.

| 연습 5 : 영화 관람

영화를 볼 때 배우의 연기를 보며 흠뻑 취할 때가 있다. 연기라는 사실을 잊고 진짜 현실과 같이 느끼며, 주인공이 사는 환상의 세계 속으로 빠져드는 것이다. 이렇듯 굉장한 몰입감을 주는 영화가 있다면 한 번 보는 것으로 멈추지 마라. 다시 한번 영화를 보면서 처음에는 보지 못했던 것을 찾아보라. 영화를 두 번째 봤을 때 새롭게 발견하는 것들에 깜짝 놀랄 것이다.

| 연습 6 : 소리 끄기

이 연습은 행동을 통해 사람의 감정상태를 파악하는 훈련법으로, 무음으로 영상을 보면 소리를 켜고 볼 때와는 다른 무언가를 느낄 수 있다. 영화의 소리를 끄고 훌륭한 배우의 연기를 관찰해보자. 똑같은 장면을 여러 번 반복해서 보다 보면, 배우의 표정과 몸짓을 보는 것만으로 그에 대한 많은 정보를 알 수 있다. 본질을 흐리는 말이 없기 때문이다.

만일 정치인이 진실을 말하고 있는지 알고 싶다면 텔레비전 소리를 끄고 그의 몸짓을 관찰해보자. 정치인이 손을 눈이나 입에 자주 갖다댄다면 그 것은 자신의 입이 진실을 드러내지 못하게 막으려는 무의식적 행동이다.

어떤 사람의 몸짓을 유심히 살피면 미세한 표정 변화나 어깨 움직임, 손과 발의 움직임, 앉거나 걷는 자세 등 미묘한 차이를 알아차릴 수 있다.

| 연습 7 : 가사 듣기

이 연습은 상대방의 말을 정확히 알아들을 수 있게 하는 훈련법이다.

대부분의 사람은 음악을 들을 때 가사는 흘려듣고 멜로디에 집중하는데 소리가 아닌 가사에 집중해서 노래를 들으면 가사를 완전하게 이해하지 못 하더라도 노래의 주제를 파악하는 데 도움이 된다.

이 간단한 청각훈련은 집이나 차 안에서, 혹은 한가할 때 언제든 할 수 있다. 이 훈련은 대화를 나눌 때 사람들의 말에 좀 더 귀를 기울이고, 상대방이 하는 말의 의미를 제대로 파악하는 데 도움이 된다.

| 연습 8 : 가만히 있기

아는 사람이 전혀 없는 모임에 참석해본 적이 있는가? 혹은 어떤 모임에서 마음이 몹시 불편하거나 위축되었던 적이 있는가? 그럴 때 마음을 편안하게 할 수 있는 방법이 있다. 가만히 앉아 상대방의 말에 집중하는 것이다. 당신은 한마디도 할 필요가 없다. 상대방의 말투를 신경 쓰면서 객관적으로 찬찬히 들어보자. 목소리가 큰가, 작은가? 말투가 거친가, 부드러운가? 다른 사람에게 어떻게 말하는가? 비난하는가, 냉소적인가, 비꼬는가? 말로 지지 않으려 하는가? 서로를 진심으로 좋아하고 존중하는 것처럼 들리는가? 목소리에 애정이 담겨 있는가, 적개심이 담겨 있는가?

다른 사람들의 대화를 귀로 '관찰'하다 보면 숨은 뜻을 읽을 수 있다. 사람의 언어와 말투는 그 사람에 대해 많은 것을 알려준다.

| 연습 9 : 공공장소에서 사람 읽기

공공장소에서 사람을 읽다 보면 관계에 대해 많은 걸 생각해볼 수 있다.

식당 테이블에 남녀가 마주 앉아 있다고 하자. 남자는 여자 쪽으로 몸을 내밀고 그녀에게 말을 하고 있는데, 여자는 의자에 등을 기댄 채 식당 안을 둘러보고 있다면 둘의 관계를 어떻게 짐작할 수 있을까. 그들의 몸짓과 표정을 관찰하면 여자는 남자에게 무관심하고, 남자는 여자에게 적극적이라는 것이 읽힐 것이다. 이처럼 사람과 사람의 거리, 그들의 자세, 표정, 팔과 손동작 등을 관찰하면 중요한 의미를 찾을 수 있다.

공공장소에는 '사람 읽기'를 연습할 수 있는 대상이 무수히 많다. 공항이나 주차장에서, 혹은 차례를 기다릴 때, 혼자 식사를 할 때 주변 사람을 읽는 연습을 하자. 이 연습을 많이 반복할수록 사람을 읽는 기술이 향상된다.

공공장소에 혼자 있는 것이 불편하다면 긴장을 완화해 보자. 3초 동안 입으로 숨을 들이마시고 3초 동안 숨을 멈춘 다음 가능한 한 빨리 숨을 내뱉는 호흡법을 세 번 반복하면, 뇌에 많은 산소가 공급되어 긴장이 완화된다.

| 연습 10 : 마음의 소음 없애기

마음이 시끄러우면 사람을 관찰할 때나 정서적으로 평가해야 할 때 많은 실수를 저지르는 오류가 발생한다. 따라서 상대방에게 집중해 그 사람을 제대로 읽기 위해서는 먼저 자신의 마음속 소음을 없애고 깨끗하고 편견 없는 마음을 가져야 한다.

마음의 소음을 없애는 방법은 '담았다가 내뿜는' 호흡법이 있다. '담았다가 내뿜는' 호흡법은 코로 3초간 숨을 들이쉬고, 3초간 숨을 멈춘 다음, 천천히 10초간 코로 숨을 내쉬는 것이다. 이 호흡을 열 번 정도 반복하면, 마음의 소음을 몰아낼 수 있다. 또한 이 호흡법은 과거 혹은 바로 직전에 일어난 골칫거리를 잊는 데도 도움이 된다.

2장. 의사소통의 4가지 수단
: 언어/표정/몸짓/말투

1
언어
읽
기

지난 20년간 전공분야인 상담심리학과 의사소통장애를 연구하며 언어와 말투의 의미, 각 개인의 미묘한 언어적 차이에 대해 고민해왔다. 나는 이 연구결과를 바탕으로 '언어의 비밀누설'이라는 새로운 과학적 개념을 만들어냈다. 언어의 비밀누설이란, 본능과 직관에 의존하지 않고 그 사람이 사용하는 언어를 관찰하고 분석함으로써 정확하고 빠르게 상대를 읽는 과학적 방법이다. 샌프란시스코의 캘리포니아대학 연구원 폴 에크만이 '표정의 비밀누설'이란 개념으로 사람의 진실한 감정상태를 시각적으로 연구했다면, 나는 언어의 비밀누설이란 개념을 통해 사람을 청각적으로 연구한 것이다. 이 방법을 활용하면 개개인이 가진 특정한 언어로 사람을 이해하고 해석할 수 있다.

이제부터는 언어를 살펴볼 것이다. 어떤 사람이 사용하는 언어(말)를 관찰하면 그 사람과 관련된 수많은 정보를 얻을 수 있다. 비꼬는 듯 말하는 사람, 화제를 자주 전환하는 사람, 계속해서 남의 말을 자르는 사람, 계속 떠들어대는 사람, 단편적으로 말하고 말을 끝맺지 못하는 사람 등 각 개인은 언어를 사용하는 방식으로 자신의 비밀을 누설한다. 이렇듯 언어를 통해 누설된 여러 가지 비밀을 통해 우리는 그가 얼마나 믿을 만한 사람인지, 자부심이 높은 사람인지, 자기중심적인 사람인지, 정서적으로 성숙한 사람인지, 심리적 상태는 어떠한지 등에 대해 알아차릴 수 있다.

언어의 비밀누설

| 정보에 귀를 기울여라

나의 동료인 폴 칸타루포 박사는 "사람들에게 오랫동안 말을 시키면 당신이 그들에 대해 알고 싶은 모든 것을 이야기할 것이다."라고 했다. 말 그대로 '모든 것'을 말이다. 그가 말한 것은 타인의 말에 귀를 기울이는 기술, 사람들이 스스로 자신의 정보를 드러내도록 함으로써 상대방을 파악하는 기술이다.

언어를 통해 보면, 부적절하고 난잡한 이야기를 하는 사람들은 대개 자제력이 없다. 그들은 지극히 사적인 이야기를 숨기지 않고 상대방에게 떠벌린다. 넘지 말아야 할 선이 없기 때문이다. 또한 은밀한 행동을 아주 자세하게 이야기하는 사람들은 보통 심리적으로 문제를 가지고 있다.

| 사람들은 모든 것을 말한다

홍보 담당자를 구할 때의 일이다. 한 여성이 면접을 보러 왔다. 그녀는 회사나 업무에 대해서는 거의 묻지 않은 채 자신의 사생활에 대해 이야기했다. 그녀는 얼마 전 새로운 남자를 만나 사랑에 빠졌는데, 그 남자는 그녀를 진심으로 사랑하고 있지만 자신은 어떻게 행동하면 좋을지 모르겠다고 나에게 조언을 구했다. 그녀는 무미건조하고 지루한 결혼생활에서 벗어나 짜릿한 자극을 맛보고 싶은 유부녀였던 것이다.

나는 그녀의 사생활에 개입하고 싶지 않았기 때문에 다른 상담사를 찾아보라고 권한 다음, 다시 회사 업무로 화제를 돌렸다. 그러나 그녀는 또 느닷없이 "전 그를 진심으로 사랑하고 있어요. 하지만 어떻게 하면 좋을지 모르겠어요. 그는 마음이 넓고 사랑을 많이 받고 자랐어요. 저희 집안사람들은 다들 무뚝뚝해서 전 그 사람만큼 사랑받고 자라질 못했죠. 그 사람은 제가 무엇을 원하는지 정확히 알고 있어요."라고 말했다. 나는 그녀에게 예의를 다해, 누구나 인생에서 해야 할 일이 있고 그 결정은 본인만이 할 수 있다고 조언했다. 그리고 다시 회사 업무로 화제를 돌리려는데 그 순간 그녀는 자신의 정체를 폭로해 버렸다. 집중력 없는 불안정한 사람임을 말이다. 나는 그녀가 사랑을 갈망하고 있으며, 내 홍보 담당자로는 부적합한 사람임을 깨달았다.

사람들은 모든 것을 말한다. 언어를 통해 누설되는 사람들의 비밀에 귀를 기울이고 그 숨은 뜻을 읽을 수 있다면 당신에게 필요한 정보를 얻을 수 있다.

| 정확한 이야기

안드레아는 잘생기고 돈 많은 중년 사업가 밥을 만나고 있었다. 힘들게 이혼한 밥은 안드레아를 많이 좋아했다.

그는 안드레아에게 이혼한 전부인에 대한 이야기를 종종 늘어놓았는데, 그녀는 돈을 밝혔고 냉정했으며 심지어 이혼 직전에는 사랑을 나누다 말고 갑자기 쇼핑을 가야 한다는 둥 세탁물을 가지러 가야 한다는 둥 이해할 수 없는 행동을 보였다고 했다.

안드레아는 나에게 여러 번 밥에 대해 자랑하며 그가 들려준 전부인에 대한 이야기를 하곤 했는데, 그 이야기를 듣고 나는 손뼉은 부딪쳐야 소리가 나는 법이니 그의 전부인을 성급히 비난하지 말라고 충고했다. 한편으로는 밥이 장차 부인이 될 수도 있는 안드레아에게 10년에 걸친 지난 결혼생활의 내밀한 이야기를 말한다는 게 이해할 수 없는 행동이라고 생각했다.

나는 안드레아에게 말했다.

"그 전부인은 남편과 사랑을 나누는 것보다 쇼핑이 더 좋았던 게 아닐까? 어쩌면 밥이 자신을 진심으로 사랑하지 않는다고 생각했을지도 모르지. 밥이 아내에게 아름답고 섹시하다는 말을 안 했는지도 모르고 말이야. 어쩌면 침대에서 동등한 인격체로 그녀를 대하지 않았을 수도 있고, 그가 이기적이고 자기중심적이어서 아내의 욕구에 대해 조금도 생각하지 않았을지도 모르지. 그래서 전부인은 그렇게 행동할 수밖에 없었던 게 아닐까?"

"그럴 수도 있겠구나. 난 그런 생각은 한 번도 안 했어."

안드레아가 함께 밥을 만나 볼 것을 요청해, 그날 밤 우리는 저녁식사를 함께 했다. 식사자리에서 나와 안드레아는 밥을 읽었다.

그는 전부인에 대해 그녀는 나쁜 사람이었고, 자신을 이용했으며, 낭비벽이 심했다고 끊임없이 말했다. 또한 그는 자신은 카드 청구서를 볼 때 상세내역을 샅샅이 살펴본다고 말했고, 식사를 마칠 때쯤에는 종업원을 불러 '차갑게 식은' 커피값은 지불하지 않겠다고 말하며 몇 푼 되지 않는 팁을 건넸다. 밥은 남의 말은 거의 듣지 않고 있었으며 자신과 돈에 대해서 이야기할 때만 무척 신나 보였다. 밥의 언어에는 냉정함과 천박함이 묻어나 듣기가 언짢았다.

그날, 밥은 자신의 언어를 통해 나와 안드레아가 그에 대해 알아야 할 모든 정보를 알려주었다. 그의 아내가 백화점에서 만족감을 얻었던 것은 당연한 일이었다. 침실에서는 만족감을 얻지 못했을 테니 말이다.

언어유형별 비밀누설

그는 한없이 상대방을 욕하는가? 아니면 상대방을 좋게 이야기하려고 하는가? 늘 복수심에 불타 있는가? 늘 자기가 피해자라고 말하고 있는가? 항상 상대방 때문에 곤경에 빠졌다고 말하는가? 자주 상대방과 갈등을 일으키는가?

상대방이 어떤 사람인지를 파악하기 위해서는 그가 하는 언어(말)의 내용을 듣는 것이 대단히 중요하다. 정신과 의사에게나 털어놓을 법한 말을 한다든지, 만난 지 얼마 되지 않은 관계임에도 지나치게 사적인 이야기를 꺼낸다면 판단력이 부족한 사람임이 확실하다. 친한 친구일 경우에는 깊은 속내를 이야기할 수 있겠지만, 자신이 바람을 피운 이야기라든지 전부인의 침대에서의 습관 같은 것을 떠벌린다면 그것은 자신의 정체를 드러내는 언어의 비밀누설이다. 특히 잘 알지 못하는 사람일 경우에는 더더욱 그렇다.

다음의 언어유형들을 살펴보고 이를 분석해 상대방을 파악하도록 하자.

| 대화의 달인형

일관적으로 행동하는 사람은 상대방에게 무슨 말을 해야 할지를 정확히 알고 있으며, 애정과 예의를 갖춰 따뜻한 말을 하고, 진실하고 솔직하다. 이들은 정직하기 때문에 굳이 말로 무엇을 증명할 필요가 없으며, 생각한 다음에 이야기하기 때문에 말실수를 거의 하지 않는다.

대화의 달인은 자신이 화제의 중심이 되어 관심을 받으려고 하기보다는 상대에게 더 많은 관심을 기울이고 상대의 말을 귀담아듣는다. 매사 상대방을 존중하고 상대의 말을 의식하며, 상대가 이해하기 쉽게 간단하고 직접적으로 핵심을 말하며, 숨긴 의도가 없다.

이들의 언어는 섬세하며 정서적으로 안정되어 있고, 안정감이 있고 자신감이 깃들어 있다. "우리는 할 수 있다", "당신을 위해서는 어떻게 해야 한다"와 같은 긍정적인 말을 사용하고, 상대방을 이해하고 공감하려고 노력하기 때문에 상대방에게 협동과 조화의 느낌을 준다.

| "농담이야" 형

"그렇게 먹어대다가는 맞는 옷이 하나도 없겠다."

바비는 여자친구 베티에게 이렇게 말하고는 "농담이야."라고 덧붙였다. 하지만 실은 농담이 아니었다. 그는 베티가 많이 먹고 살이 찌는 게 싫었고, 과거의 날씬한 모습으로 돌아오기를 바랐다. 최근 들어 급격히 살이 찐 베티는 더 이상 예전에 그가 사랑했던 여자의 모습이 아니었다. 하지만 그는 그녀에게 "살찐 건 싫어. 매력적으로 느껴지지 않아."라고 솔직히 말하지 못했다.

코니는 마흔다섯 번째 생일을 맞아 50명이 넘는 사람들과 생일파티를 함께 했다. 그녀는 나이에 비해 젊고 아름다웠지만 캐서린과 제인은 계속해서 그녀의 나이를 비웃었다. 언뜻 들으면 '절정기'의 나이를 두고 허물없는 농담을 하는 것도 같았지만, 둘은 코니를 한물간 늙은 여자라고 칭하며 깔깔거렸다. 코니는 두 사람의 행동을 대수롭지 않게 생각하며 가볍게 웃어

넘기려고 했지만 캐서린과 제인은 그날 밤 내내 그녀를 비웃었다.

결국 코니는 기분이 상한 나머지 두 친구에게 화를 냈다. 그러자 친구들은 오히려 그녀를 몰아붙이며 "뭘 그런 걸 가지고 그래? 농담도 못 하니? 유머감각은 어디 간 거야? 우리는 농담한 거잖아!"라고 따져물었다. 하지만 그건 사실이 아니었다. 그들은 "마흔다섯 번째 생일을 축하해요. 어쩌면 그렇게 젊어 보일까요. 당신은 정말 좋은 친구예요, 사랑해요." 같은 애정 어린 말이 아니라 농담으로 가장해 적대적으로 빈정거리며 많은 사람들 앞에서 코니를 비웃었다.

코니는 그들의 농담에 자신이 감정적으로 반응하고 있음을 깨달았고 두 사람의 진심을 알아차릴 수 있었다. 그들의 농담 속에 감춰진 진심은 코니를 향한 적개심과 분노, 질투였다. 그 농담 속에는 '코니가 자신의 나이를 비참하게 여기도록 하는' 의도만 있을 뿐이었다.

사람들은 자기 자신 또는 상대방을 향한 진짜 감정을 수많은 말로 표현하는데 때론 장난처럼 하는 말을 통해 진심을 드러내기도 한다.

상대방을 비꼬거나 욕을 한 다음 "농담이야."라고 말하고, 불쾌해하는 상대방에게 왜 유머감각이 없느냐고 따져 묻는 사람들이 있다. 이들은 대개 자신감이 없으며 상대방에 대한 경쟁심, 적개심, 질투심을 가지고 있다. 자신의 불안감을 감추기 위해 일부러 상대방을 괴롭히고, 농담이라는 명목 하에 상대방에 대한 악감정을 표출함으로써 상대방과 자기 자신 혹은 인생 전반에 대한 억압된 분노를 드러낸다.

비꼬는 사람들, 특히 말끝에 "농담이야."라는 말을 덧붙이는 사람들은 당신을 싫어하거나 경쟁의식이 있거나 질투하는 것이니 그들이 뭐라고 하던 그 말은 절대 농담이 아니다. 액면 그대로 받아들여라.

| 무지형

가벼운 뇌졸중을 앓고 있는 한 70대 신사가 자신감과 의사소통 능력을 회복하기 위해 나를 찾아왔다. 그는 내게 '깜둥이'를 고용하게 된 사연을 이야기했다. 노신사는 성공한 사업가였지만, 그가 사용한 '깜둥이'라는 단어는 그가 시대에 뒤떨어진 사람임을 보여주고 있었다. 현대적인 사회의식을 가진 사람이라면 그런 경멸적인 단어는 쓰지 않을 것이기 때문이다. 노신사는 세상의 변화를 제대로 인식하지 못했기 때문에 당시 그의 기업을 운영하는 아들과 경영방법을 두고 많은 갈등을 겪었다.

부적절한 단어를 쓰는 사람들은 자기 자신에 대해 많은 것을 드러낸다. 예전에 상담했던 한 의사는 간호사들을 '계집애들'이라고 불렀다. 그 표현을 통해 그 의사가 직원들을 존중하지 않는 사람임을 알 수 있었다. 실제로 그의 병원은 직원의 이직률이 높았다. 그뿐 아니라 그는 간호사 외에도 대부분의 여자를 무시하고 있었다.

무지형은 무식한 사람을 뜻하는 게 아니다. 어떤 문제를 의식하지 못하거나 무시하는 사람들의 유형을 말한다. 이러한 특성 때문에 이들은 사회적, 경제적 상황에 어두우며 현실을 제대로 알지 못하는 경우가 많다. 또한 사용하는 어휘의 수가 제한되어 있어 속어나 욕을 빈번하게 사용한다.

| 반박형

무슨 말에나 반박하는 사람들은 자기의 위상을 드높이기 위해 유식함을 자랑해야 한다는 강박관념에 사로잡혀 있는 경우가 많다. 이들은 자신이 사용하는 언어를 통해 남을 곤란하게 만들고, 상대방을 존중하지 않는다는 사실을 드러낸다. 이들이 갖고 있는 경쟁심은 상대방을 싫어하거나 두려워하기 때문에 생겨난 것이다.

반박형은 또래의 형제에게서 자주 발견된다. 형제를 이기기 위해서 반박하는 경향을 보이는 것이다. 사이가 나쁜 부부나 연인들도 서로의 말에 반박하는 경우가 많다.

한 부부의 저녁식사 초대에 응했다가 몹시 불쾌했던 경험이 있다.

식사 도중 남편이 아내와 함께 갔던 유럽여행에 대해 이야기하면서 그때 루이 15세의 의자를 샀다고 하자 그의 아내는 "루이 15세 의자는 무슨! 싸구려 모조품이었지. 그놈의 낡아 빠진 의자를 고치느라 돈이 얼마나 많이 들었는데요. 고치고 나니까 그나마 그럭저럭 볼만했잖아요!"라고 소리를 질렀다. 또 남편이 플로렌스 여행이 참 좋았다고 말하자 아내는 "플로렌스가 좋았다고요? 당신은 플로렌스를 싫어했잖아요! 빨리 집에 가자고 성화를 부렸잖아요! 바가지 썼다고 짜증만 내고 미켈란젤로의 다비드 상이 있는 박물관에도 안 갔잖아요. 그러면서 무슨 플로렌스가 좋았다는 거예요!"라고 끼어들었다. 남편이 얼굴이 벌겋게 달아오른 채 "그날은 식중독에 걸려 온종일 누워 있느라 못 간 거잖아."라고 응수하자, 아내는 "식중독이라니 무슨 소리예요? 그 전날 돼지처럼 처먹어서 그런 거잖아요. 선생님이 그 모습을 봤어야 하는데! 글쎄요, 이 사람이 파스타를 몇 그릇이나 먹었는지 몰라요!"라고 말했다.

저녁식사 내내 아내는 남편이 무슨 말을 꺼내기만 하면 토를 달면서 남편을 이기려고 했다. 불쌍한 남편은 아내를 이길 재간이 없었다. 저녁식사 분위기는 거북해졌고, 그 불쾌한 상황을 더 이상 견딜 수 없었던 나는 그 부부에게 양해를 구하고 집으로 돌아왔다.

아내는 남편의 말에 반박하거나 잘난 척을 할 때 우월감을 느끼는 것처럼 보였다. 하지만 아내의 언어는 그녀가 불안정하고 야비하며 무례하다는 것을 드러내고 있었다. 아내는 남편을 싫어하는 것이 분명했다.

1년 뒤에 그 부부가 이혼했다는 소식을 들었지만 그리 놀랍지 않았다. 서로를 존경하지 않고 경쟁심으로만 가득한 부부관계가 오래 유지될 리 없으니 말이다. 이후 남자는 재혼을 했는데 그녀는 이해심이 많고, 다른 사람들 앞에서 그의 말에 반박한다는 생각은 꿈도 꾸지 않는 여인이었다.

| 깎아내리는 형

깎아내리는 유형은 상대방을 존중하지 않고 질투하거나 두려워한다는 점에서 반박형과 비슷하다. 이 불안정한 사람들은 자신감이 없기 때문에 무슨 말을 하든지 상대방을 이기려고 하거나 깎아내리려고 한다. 그럼으로써 상대의 기분을 상하게 만들지만, 그러한 행동이 자신의 위상을 높인다고 착각한다. 그들은 거기서 우월감을 얻고, 통제권과 권력을 차지해야만 안심한다.

이 유형의 사람들은, 만일 친구의 월급이 인상됐다는 말을 듣는다면 "축하한다.", "정말 잘됐다!"라는 인사보다는 "야, 너 같은 인간한테도 월급 주는 회사가 다 있냐?"라는 식으로 말할 것이다.

친구가 열심히 다이어트를 해서 살을 빼고 나타난다면 이들은 "대단하다. 정말 힘들었겠구나. 보기 좋다."라는 말 대신 "왜 이렇게 말랐니? 얼굴이 그게 뭐야? 너무 안돼 보인다! 살을 너무 심하게 뺀 거 아니야?"라고 말할 것이다. 이들은 무슨 일에서든 흠을 찾아내고, 무슨 말을 들어도 마음에 들어하지 않는다.

이들은 대개 '절대로', '항상' 같은 극단적인 말을 자주 사용하며 인생 또한 극단적으로 생각하는 경향이 있다. 흑 아니면 백, '예.' 아니면 '아니요'다. 이들의 팔레트에는 다양한 색이 없고, 여러 가능성을 전면 부정한다. 극단적으로 말하는 사람들은 언어에 오만함이 묻어나온다.

이들은 대화를 할 때도 서로 이야기를 주고받는 것이 아니라 일방적으로 자기의 말을 쏟아낸다. 남의 의견을 인정하지 않고, 무슨 일이나 아는 체를 하며, 자기의 이야기를 하는 데 급급해 남의 말에 귀를 기울일 틈이 없다. 이들처럼 대화를 혼자 독점하려는 이들과 대화하기란 좀처럼 쉬운 일이 아니다.

| 수다쟁이형

'조용히 해! 제발 그만! 그 입 좀 다물어!'

제프가 자신의 부모님에게 여자친구 로리를 처음 소개한 날, 그의 머릿속에는 온통 이 말뿐이었다. 제프는 로리가 부모님에게 잘 보이기를 바랐지만, 로리가 부모님 앞에서 끝도 없이 자기 이야기를 늘어놓는 모습을 보며 경악할 수밖에 없었다.

수다쟁이형은 사람들과 잘 어울리지 못한다. 처음에는 그들의 재잘거리는 모습이 귀엽게 느껴질 수 있지만, 한 시간 넘게 계속되는 수다에는 결국 누구라도 진이 빠지고 화가 치밀어오른다.

대개 수다쟁이들은 자신에게만 관심이 있기 때문에 남의 기분에 대해 주의를 기울이지 않으며, 상대방이 자신과 이야기할 시간이 있는지 없는지에 대해 신경 쓰지 않는다. 상대방이 자기와 거리를 두고 있는지, 수다를 불편하게 여기는지에 대해서도 아무런 관심이 없고 그저 자기 말만 늘어놓기를 좋아하며 자신이 상대방을 괴롭히고 있다는 사실을 깨닫지 못한다. 이들은 자신이 질문을 던져놓고도 상대방이 입을 떼기도 전에 자기가 먼저 대답한다. 이들은 침묵을 어색하고 불편하게 느끼기 때문에 꺼지지 않는 모터처럼 입을 나불거린다.

이 수다쟁이들의 입을 다물게 할 수 있는 유일한 방법은 큰 목소리로 엄하게 조용히 하라고 말하는 것이다. 하지만 이들의 침묵은 30분 이상 지속되지 않는다. 마치 자제력을 잃은 사람처럼 끊임없이 말을 하고, 자기가 하는 말에 스스로 황홀해하는 자기도취에 빠져 상대방이 화를 내도 개의치 않는다. 잠시 감정이 상했다 해도, 이내 다시 수다를 떨 것이다. 말을 하지 않으면 힘이 빠지기 때문이다.

수다쟁이형은 어린 시절 상처받은 경우가 많다. 이러한 행동은 세 살 반에서 네 살 무렵에 일어난 언어발달 과정으로 설명할 수 있다. 이 시기의 아이들은 끊임없이 자기 자신과 다른 사람들에게 질문을 하고, 설명을 들은 다음에도 여러 번 반복해서 이유를 묻는다. 단지 관심을 끌기 위해서가 아니라 자신의 말을 듣고 새롭게 습득한 언어를 표현하기 위해서다. 그런데 이 시기에 상처받은 아이들은 성인이 된 이후에도 심리적으로는 4살짜리 아이의 발달과정에 머물게 된다.

심리치료를 하다 보면, 수다쟁이들은 어릴 적 혼자 있는 시간이 많았음을 알 수 있다. 학교수업이 끝나면 자기가 대문을 열고 들어와 혼자 집에 있었거나, 부모와 형제자매들로부터 무시를 당해 심리적으로 외로웠기 때문에 그 공허함을 달래기 위해 끊임없이 이야기하곤 했던 것이다. 또한 다른 사람에게 매달리기 위해 수다쟁이가 되는 경우도 있다. 간혹 마약복용이나 정신장애, 혹은 신경학 내지는 유전학적 요인 때문에 수다쟁이가 될 수도 있다.

수다쟁이형에게 있어 수다는 버림받고 혼자 남을지도 모른다는 두려움에 대한 심리적 방어이다. 이들은 수다를 통해 자기 자신을 위로하고 안정시키며 그렇게 함으로써 나쁜 일들이나 감정을 잊기도 한다.

수다쟁이들은 자기의 말을 들어줄 사람을 간절히 원하기 때문에 사람들을 곁에 두려고 하고, 주위에 아무도 없으면 무의식중에 혼잣말을 자주 한다.

| 험담형

남을 나쁘게 말하는 사람들은 대부분 자제력이 없다. 그들이 남을 험담하는 이유는 우월감을 느끼고 싶고, 자기 자신한테 만족하지 못하기 때문이다. 험담은 비열한 짓이다. 겉으로는 친구 행세를 하지만, 사실은 상대방에 대한 정보를 빼내 다른 사람에게 전달하기 때문이다. 이들은 누군가에게서 들은 비밀을 지키지 못하고 자기가 아는 모든 사람에게 이야기한다.

험담형은 질투심과 경쟁심이 많다. 이들은 단지 질투가 난다는 이유로, 남에게 알리고 싶지 않은 개인의 사생활을 다른 이들에게 퍼뜨리는 등 자신이 질투하는 상대의 명예를 훼손할 수 있는 일이라면 무엇이든지 하려고 한다. 또한 경쟁 상대를 험담함으로써 그를 상처주고 짓밟을 수 있다고 여긴다. 하지만 지그문트 프로이트의 말처럼 질투는 파멸로 이어질 뿐이다.

험담형은 날카로운 눈과 귀로 모든 것을 관찰한다. 따라서 이들 앞에서는 말을 조심해야 한다. 이들이라면 당신이 아무 생각 없이 편하게 한 말도 왜곡해서 다른 이들에게 전달할 수 있기 때문이다. 예를 들어 험담형의 사람과 허물없이 재미있게 대화를 나누던 중 제삼자에 대해 이야기를 꺼냈다고 하자. 만일 당신이 "도나는 좀 이상해."라고 말한다면, 바로 다음 날부터 도나는 자신을 우습게 보고 있느냐며 당신에게 화를 낼지도 모른다. 당신이 아무리 변명하려고 해도 상처받은 도나는 당신의 이야기를 들어주지 않을 것이다. 이미 험담형의 사람이 도나에게로 달려가 당신이 도나를 험담했다는 것과 당신이 나쁜 사람이라는 것을 전달했기 때문이다.

잊지 마라! 당신에게 남의 이야기를 하는 사람들은 남들에게도 당신의 이야기를 전할 것이다.

| 화제를 자주 바꾸는 형

이들은 대부분 집중시간이 짧고 쉽게 지루함을 느낀다. 심각한 대화나

긴 시간에 걸쳐 어떤 주제를 두고 진행되는 대화는 의도적으로 피하려고 한다.

이들은 천성적으로 자기중심적이고, 자신이 화제의 중심이 되거나 대화를 주도해야만 만족하며, 대화의 주제를 자신에게 맞춰 바꾸는 경향이 있다.

| 자기중심형

자기중심형은 자신이 얼마나 멋진 사람인지 자랑해야 한다는 강박관념을 갖고 있다. 모든 이들에게 관심을 받아야 직성이 풀리기 때문에 자신을 화제의 주인공으로 만들기 위해 농담과 이야기를 한없이 늘어놓는다.

이들은 다른 사람들과 다양한 생각을 주고받지 않고, 다른 사람의 감정이나 요구에 무관심하다. 대단히 이기적이기 때문에 자신감을 얻기 위해서 자기 자랑만 늘어놓고, 자신과 자기 가족에 대해서만 이야기하며, 어떻게 해서든 자신이 좋은 사람임을 알리려고 한다.

자기의 이야기만 한다는 것은 심리적으로 불안하다는 신호다. 그들은 자기가 남보다 낮다고 생각하겠지만 그들의 언어에는 공허함과 불안감이 드러난다. 장난감을 빼앗긴 두 살짜리 아이가 울고불고 화를 내듯이 자기중심적으로만 이야기하는 사람들도 마찬가지다. 이들은 두 살 무렵의 자기중심적 발달단계에 머물러 있는 아이와 같다. 세상이 자기를 중심으로 돌아간다고 믿는다. 따라서 이들로부터 화제를 빼앗으려고 할 때는 반드시 주의하라! 이들은 상대방에게도 의견이 있다는 생각은 조금도 하지 못하고 화를 내며 당신을 비난할 것이다.

자기중심형 사업가를 만난 일이 있다. 그는 자기중심적으로 행동하고 말했다. 사람들은 그를 두고 자기중심적이라고 했고, 본인도 그 사실을 인정했다. 하지만 사람들은 그가 아버지와 사이가 나쁘다는 것은 알지 못했다.

그의 아버지는 아들에게 전혀 신경을 쓰지 않는 사람이었다. 아들이 좋은 성적표를 받아오거나 스포츠에서 뛰어난 성적을 거두어도 항상 무시할 뿐이었다. 그는 아버지에게 무시당했던 것처럼 남들에게서도 무시당하고 싶지 않았기 때문에 사람들에게 자신의 존재를 알리려고 했고, 무조건 자신이 대화의 중심이 되어야 했다. 하지만 그는 아무리 많은 사랑을 받아도 늘 애정에 목말라했고, 아무리 큰돈을 벌어도 만족하지 못했다.

| 참견쟁이형

참견쟁이형은 험담형처럼 자신감이 없기 때문에 상대방에 대해 시시콜콜 알고 싶어 한다. 사람들을 교묘하게 질투하고 남을 배려하지 않으며, 자기가 얻은 대답에 만족하지 못하고 남의 사생활을 침해한다. 또한 남의 일에 깊이 관여해야만 직성이 풀린다.

상대방이 방심한 틈을 타서 일방적으로 몰아세우며 "당신 회사 부도났다면서요?", "남자친구랑 왜 헤어졌어요?" 같은 무례한 질문도 서슴지 않는다. 이들은 상대방을 언짢게 하는 말을 하기를 좋아하고, 빈정거리면서 상대방의 기분을 상하게 만들며, 상대방을 짜증 나게 만들어 문제를 일으킨다.

참견쟁이형은 갑자기 사적인 질문을 쏟아내기도 한다.

"요전에 네 남편이 어떤 여자랑 같이 있는 걸 봤는데 말이야. 근데 네 남편은 널 진심으로 사랑하는 좋은 남편 아니었니?"

"남의 일에 참견하긴 싫지만 말이야. 네 부하직원이 다른 팀의 일을 돕고 있던데? 네 부하직원이지 다른 팀의 직원이 아니잖아?"

대부분의 사람들은 이런 질문을 듣는 경우가 극히 드물기 때문에 그에 대해 적절한 답을 찾지 못하고 당황하고 만다. 그러고는 나중에서야 '왜 내가 그 사람한테 그렇게 이야기했을까.' 하고 자책한다. 이럴 경우, 그건 당신 잘못이 아니다. 그 사람들이 예기치 못한 순간에 무례하고 대담하게 상대방으로부터 답을 끌어낸 것뿐이다.

참견쟁이형은 남의 불행을 기쁨으로 아는 두 얼굴의 인간이다. 남의 일에 참견하고 충고하기를 좋아하지만 이들의 목적은 그저 다른 사람의 마음을 상처 입히고 괴롭히는 것이다.

대부분의 참견쟁이형은 세 살 무렵의 발달과정에 머물러 있다. 이들은 사회적으로 적합한 수준에 대해서 신경 쓰지 않고 지극히 사적인 질문을 한다. 세 살짜리 아이는 "아기는 어떻게 만들어지나요?" 같은 질문을 할 수 있지만, 서른세 살짜리 어른은 그래선 안 된다.

| 시시콜콜 고백형

시시콜콜 고백형은 상대방이 관심을 갖든지 말든지 무엇이든 말한다. 이들은 불안정하고 적당한 선을 모른다. 자신의 은밀한 생활을 털어놓으면 사람들과 친해질 수 있다는 잘못된 생각을 갖고 아무에게나 시시콜콜 자기 이야기를 꺼내 웃음거리가 된다.

이들은 심리적으로 두 살에서 다섯 살 사이의 발달단계에 고착되어 있다. 이 나이 또래의 아이들은 자기가 먹은 음식부터 배변 습관에 이르기까지 낱낱이 이야기하고, 그 대가로 부모에게 "착하다."라는 보상을 얻는다. 하지만 초등학교에 입학할 무렵에는 배변 습관이나 목욕 습관을 남에게 이야기해서는 안 된다는 사실을 배우게 되고, 교사나 친구들과의 관계를 통해 지극히 사적인 영역이 있음을 알게 된다. 그럼에도 불구하고 성인이 되어서도 사적인 이야기를 계속하는 사람들은 어린 시절 부모에게서 칭찬을 받았던 것처럼 남들에게서 칭찬을 듣고 싶어 한다.

| 빙빙 돌려 말하는 형

남성보다는 여성들이 직설적으로 말하면 오해를 살 수 있다고 여기는 경향이 있다. 하지만 간단한 말을 어렵게 빙빙 돌려 말하면 오히려 돌이킬 수 없을 만큼 대인관계가 악화될 수 있다.

이들은 대개 우유부단하고 겁이 많아서 문제를 일으키고 싶어 하지 않으며, 현상유지를 선호해 대범하게 변화를 일으키는 법이 거의 없다.

간혹 빙빙 돌려 말해놓고 자신은 요점을 제대로 전달했다고 착각하는 경우도 있다. 하지만 그 결과는 불행해진다는 것뿐이다.

| 무뚝뚝한 형

무뚝뚝한 형은 자신의 말과 의견이 상대방에게 어떤 영향을 미칠지에 대해 전혀 개의치 않는다. 이들은 아무 생각 없이 상대방에게 '틀렸다'고 하거나 '싫다'고 말한다. 이러한 행동은 기본적인 사교술을 배우지 못했거나 많은 사람들 앞에서 거리낌 없이 큰 소리로 하고 싶은 말을 하는 4~6살가량의 심리적 발달단계에 머물러 있기 때문에 나타난다. 물론 축구감독이나 야구감독 등 코치의 역할을 하는 이들은 규칙을 가르치고 선수들을 이끌기 위해 일부러 무뚝뚝하게 말하는 경우도 있다.

무뚝뚝한 형의 솔직함을 좋게 보는 이들도 있지만, 성인이 타인의 감정을 헤아리지 않고 지나칠 정도로 솔직하게 말한다면 사실 원만한 인간관계를 기대하기는 힘들다. 무뚝뚝한 사람의 거친 말은 다른 사람에게 상처를 입히고, 사이가 나빠지는 원인으로 작용하며, 어떤 사람들은 무뚝뚝함을 위협적으로 느끼기도 한다.

| 겸손형

과할 정도로 겸손한 사람들은 두려움이 지나친 나머지 자기 그림자마저 무서워할 정도다. 그들은 "실례합니다." 정도로 시작해도 될 말을 "방해해서 죄송합니다만…"이라든가 "시간을 빼앗아 대단히 죄송합니다만…"이라고 말을 꺼낸다.

이들이 이렇게 행동하는 이유는 굳이 시간을 내서 자신과 말할 사람이 없을 것이라고 생각하기 때문이다. 이들은 자부심이 없고 문제를 일으키기 싫어한다. 다른 사람을 언짢게 하기 싫고 눈에 띄기 싫어서 말수가 적어지는 경향이 있다. 비판받기를 싫어하고 주목받는 것도 싫어한다. 눈에 띄지 않을 때 제일 편안해한다.

이들은 자기 몫을 당당하게 요구하지 못하기 때문에 출세와는 거리가 멀다. 항상 남에게 끌려다니고, 칭찬이나 격려를 들어도 자기 자신을 깎아내린다. 시험을 잘 봤다는 칭찬을 들으면 "별것도 아니에요. 쉬웠는데요, 뭘." 이라거나 "그 정도는 누구나 할 수 있는걸요."라는 식으로 자기 자신과 자신의 성과를 과소평가한다. 이렇듯 겸손형은 자신을 깎아내리기에 급급해서 자신감을 얻지 못하기에 이들과 대화하기는 무척 힘든 일이다. 이들은 솔직한 칭찬을 받아들이지 못하며, 관심을 받으면 극도로 긴장하고 불안해한다. 유능하고 명석하면서도 쉽게 결정을 내리지 못하고 아무 말도 하지 못한다.

겸손형은 자기합리화의 명수다. '무슨 말을 해도 바보같이 들렸을 거야. 입 다물고 있기를 잘했어.'라고 생각한다. 이렇게 자신이 비판받지 않기 위해 갖은 노력을 다하는 이들이지만, 다른 사람에 대해서는 대단히 비판적이다. 자신에게 비판적인 만큼 남에게도 비판적인 것이다.

또한 이들은 대단히 수동적이고도 공격적이다. 화를 내색하지 않고 있다가 어느 순간 갑자기 폭발하는 경우가 종종 있다.

| "모르겠는데요" 형

어느 저녁식사 모임에 참석했을 때의 일이다.

내 옆에 앉아 있던 남자는 사람들이 그에게 의견을 물을 때마다 "모르겠는데요."라고 답했다. 얼마 지나지 않아 아무도 그에게 생각을 묻지 않았다. 그가 사람들과 이야기하려고 하지 않았기 때문에 우리는 그가 싫었다.

파티가 끝날 무렵, 그가 먼저 내게 말을 걸었다. 책을 쓰려고 하는데 에이전트나 출판사를 소개해줄 수 있는지 물었다. 나는 그의 부탁에 무척 당황했다. 그가 자기 이야기를 하지 않는 한 그를 남에게 추천해줄 수는 없었다.

일단 나는 그에게 내가 느낀 감정을 솔직하게 말하고, 사람들이 그를 알아가기 위해 노력했음에도 그때마다 그가 '모르겠는데요'라는 말로 일관했음을 알려주었다. 대부분의 사람들은 자기의 생각이나 의견을 다른 이들과 주고받으면서 자신의 존재를 드러내기 마련인데, 그는 무언가를 숨기거나 자신의 정보는 내놓지 않은 채 남의 정보만 가로채는 것 같아서 불쾌하다고도 했다.

그는 우리가 하는 이야기의 내용을 잘 알지 못했고, 다른 의견을 말해서 사람들의 기분을 상하게 할까 봐 조용히 있었다고 대답했다. 나는 그가 오히려 아무 말도 하지 않았기 때문에 사람들의 기분이 상했다고 알려주었다. 또한 작가가 되어 자신의 책을 홍보하기 위해서는 어떤 주제에 대해 자기 견해를 밝혀야 하는데 그는 그렇게 하지 않았기 때문에 내가 아는 사람들에게 그를 소개해줄 수 없다고 말했다.

그는 내 말에 수긍하고 고마워했다. 그는 자신이 '모르겠는데요'라고만 말했기 때문에 그가 원하는 만큼 사람들에게서 환영받지는 못했던 것 같다고 말했다.

앞의 사례에서처럼, 모르겠는데요 형은 남의 기분을 상하게 할까 봐 자신의 입장이나 생각을 밝히지 않으려는 경향이 있다. 이들은 자신의 입장을 고수하려고 하지 않고, 겸손하며, 문제를 일으킬까 봐 걱정하고, 사람을 두려워하고 또한 자신의 인생을 두려워한다.

'예' 또는 '아니요'라고 단답형으로만 답하는 사람도 모르겠는데요 형에 속한다. 무조건 모른다고 하거나 '예' 또는 '아니요'라고 답하는 사람은 자신감이 없고 겁이 많으며 무언가를 숨기고 있는 듯한 인상을 준다. 이렇게 행동하면 다른 사람들과 친해지기는커녕 신뢰할 수 없는 사람이 되어버린다. 사람들과 친해지고 싶다면 대화를 나누어야 한다.

| 거짓말쟁이형

"툭 까놓고 솔직하게 이야기하자."라거나 "절대로 거짓말은 안 해."라고 말하는 사람을 보면, '왜 저런 말을 하는 거지? 사실은 거짓말을 하는 걸 거야. 그렇지 않다면 왜 그런 말을 하겠어?'라는 생각이 들 때가 있다. 그리고 그 직감은 대부분 정확하다. 솔직하지 못한 사람들은 이런 식으로 상대방을 안심시킨다.

이들은 행동으로, 언어로 자기도 모르게 비밀을 드러낸다. 이를테면 말을 꺼낼 때 더듬거리면서 생각을 정리하고 할 말을 꾸며낸다. '음', '어', '그러니까'와 같은 말들을 자주 한다. 초조해지면 "정말…… 정말로 좋네."와 같은 식으로 단어를 되풀이하기도 한다. 거짓말을 일삼는 사람들은 예상치 못한 질문이나 대답을 들었을 때 이렇게 말을 반복하고 더듬거리는 경우가 많다. 미리 생각해두었던 거짓말이 먹히지 않아서일 것이다.

애매하게 말하거나 말을 빙빙 돌리거나 말수가 적은 사람들도 거짓말을 하는 경우가 많다. 또한 아무리 거짓말을 잘 꾸며내는 사람도 '말실수' 때문에 들통나는 경우가 있다. '말실수'라는 개념은 프로이트가 1901년에 쓴 〈일상생활의 심리학(The Psychology of Everyday Life)〉에서 처음 소개됐다. 본래 사람들은 중요하고 익숙한 이름을 잊어버리거나 계획했던 것과 다른 말을 해서 본심을 드러내는 경향이 있다는 것이다. 예를 들어, "그에게 자자고 했어. 아니, 아니, 만나자고 했어."와 같은 말실수는 이 여자의 억압된 생각을 드러낸다. 이 여자는 남자와의 단순한 만남이 아니라 그 이상의 관계를 마음에 두고 있었는데 그것이 무심코 드러난 것이다.

거짓말쟁이를 간파할 수 있는 또 다른 단서는 지나친 칭찬이다. 칭찬이 과할 때는 불순한 의도가 깔린 경우가 많다. 공자는 일찍이 "아첨하는 사람은 믿지 마라."라고 했다. 그런 사람들은 이용가치가 더 큰 사람이 나타나거나 더 좋은 기회가 생기면 헌신짝처럼 당신을 외면할 것이기 때문이다.

TV 프로듀서인 애드리안은 누구에게나 '허니', '스위티', '베이비'라는 호칭을 사용했으며, 역겨울 만큼 감미로운 목소리로 입바른 말을 하곤 했다. 하지만 자신이 원하는 것을 얻고 나면 다시는 상대방을 쳐다보지도 않았다. 결국 모두가 그녀의 진의를 눈치챘고, 그 때문에 애드리안은 한동안 취직하는 데 애를 먹었다. 사람들은 그녀를 곁에 두려고 하지 않았다.

이 믿을 수 없는 사람들은 상대방을 교묘하게 속여서 우월감을 느끼려고 한다. 그래서 자신을 높이거나 남을 마음대로 하려고 거짓말을 일삼는다. 사람들과 거리를 두어 자신의 실체를 파악하지 못하게 만든다. 그렇게 자신과 타인을 교묘하게 조작해 자신을 매력적인 사람으로 보이게 만들어 우위를 차지하려고 한다.

거짓말쟁이들은 남들이 자신의 실체를 눈치채는 게 두려워서 아첨을 늘어놓는다. 말은 번드르르하지만 진심으로 상대방을 파악할 생각은 없다. 그저 거리를 두기 위해 칭찬하는 것이다.

| 혀짤배기형

혀짤배기형은 혀가 짧아서 특정 발음을 제대로 하지 못하는 사람을 말한다. 발음이 불완전한 사람은 목소리가 지나치게 큰 사람들처럼 미숙하거나 심리적으로 어린아이 단계에서 벗어나지 못하는 경향이 있다.

폴 칸타루포 박사는 6~8세가 되어서야 마찰음을 완벽하게 익힌 사람들은 심리적으로 그 연령대에 머물러 있다는 것을 발견했다. 그는 25년간의 상담결과를 토대로 발음이 불완전한 젊은 여성들은 마찰음을 익히는 발달단계의 아이처럼 성적으로도 미숙하다고 보고했다.

어린아이들은 혀짧은 소리를 해도 귀여워 보이지만 성인들은 전혀 귀여워 보이지 않는다. 연구결과에 의하면 발음이 불완전한 사람들은 게으르고 산만하며 지적으로 보이지 않는 인상을 준다고 한다. 단, 치아나 구강구조 때문에 발음이 안 좋은 경우도 있다. 따라서 구강 조건에 따른 현상인지 확인해보아야 할 것이다.

결혼 10년 차인 게일은 남편이 바람을 피운다고 생각했다. 당황한 그녀는 내게 상담을 구했다. 최근 들어 남편이 매일 늦게 귀가하는데 엉뚱한 핑계를 대는 것 같다며 남편의 말이 거짓인지 아닌지 확인할 방법이 없느냐고 물었다. 나는 그녀에게 남편이 다음에 또 늦으면 어디 갔었는지 물어보고 남편이 솔직하게 대답하는지, 아니면 핑계를 대는지 살펴보라고 했다. 그리고 얼마 후, 늦게 귀가한 남편은 "어디 갔었어요?"라는 게일의 물음에 이렇게 대답했다.

"아, 당신 선물을 사려고 가게에 가는 길이었는데, 기름이 떨어졌지 뭐야. 그런데 잔돈이 없다더군. 그래서 일단 차를 세워두고 잔돈을 바꾸러 선물가게에 갔지. 그런데 거기서 내가 누구를 만났는지 알아? 글쎄, 20년 만에 군대 친구 조를 만난 거야. 그런데 조의 표정이 어둡더라고. 무슨 일이 있는 거냐고 물었더니 얼마 전에 아내와 헤어졌다네. 게다가 아들놈까지 사고를 쳐서 소년원에 있다는 거야. 그 친구가 너무 안돼 보여서 기운 좀 차리라고 같이 맥주 한잔했지. 그런데 자동차 열쇠가 없어져서 그 친구랑 바닥을 기어다니면서 한 시간 넘게 열쇠를 찾았어. 결국 화장실에서 찾았지. 그런데 화장실을 나가려는데 문이 꼼짝도 안 하는 거야. 화장실에 꼼짝없이 갇혀 있었지. 내가 하도 안 오니까 조가 화장실에 왔더군. 그 친구가 문을 부수다시피 해서 가까스로 빠져나왔어. 문이 어찌나 낡았던지, 손 좀 봐야지 참. 화장실에서 나오기까지 한 30분은 걸렸나 봐. 119 부르자고 했더니 조가 자기가 해 보겠다고 고집을 부리는 바람에. 어쩌겠어, 그냥 내버려뒀지."

게일이 남편에게 물은 것은 어디 갔었느냐는 것이었다. 하지만 남편은 3시간이나 늦었다는 죄책감 때문에 묻지도 않은 이야기를 늘어놓았다. 남편의 횡설수설에 마침내 게일은 단도직입적으로 그에게 다른 여자가 있느냐고 물었다. 그러자 남편은 순순히 고백했다. 게일의 의심은 적중했다. 그는 바람을 피우고 있었던 것이다.

갑자기 엉뚱한 얘기를 하는 사람들은 자기가 무슨 말을 하는지 모르고 있다. 그들은 단순한 진실을 숨기기 위해 횡설수설하면서 한없이 떠벌린다. 묻지도 않은 말을 필요 이상으로 하거나 이야기의 주제에서 벗어나 자꾸 옆길로 새는 사람을 조심하라. 이들은 진실을 말하지 않는다.

| 말더듬이형

말더듬증에 관한 이론은 실로 다양하다. 고질적으로 말을 더듬는 현상을 심리적 문제라고 보는 입장도 있고, 어린 시절의 경험이나 유전적 원인으로 보는 입장도 있다. 사실 언어병리학자들조차 의견이 달라서 치료법 또한 다양하다. 그 원인이 무엇이든 말더듬증은 당사자에게는 무척이나 고통스러운 일이다.

누구나 초조하거나 겁을 먹으면 말을 더듬는다. 말을 더듬는 사람들은 머뭇거리거나 한동안 말을 잇지 못하거나 똑같은 말을 여러 번 반복한다. 따라서 일반적으로 소심하고 수줍거나 솔직하지 않은 사람이라는 인상을 준다.

심리학자 폴 에크만은 목소리에서 속임수를 파악할 수 있다는 연구발표를 통해 너무 오랫동안 혹은 자주 머뭇거리는 사람들에 대해 이야기했다. 이들은 자기 차례가 되어도 망설이고, 막상 입을 열어도 지나치게 더듬거리거나 똑같은 말을 반복했다. 에크만에 따르면, 거짓말쟁이가 진심을 숨기고 할 말을 미리 생각해두지 않았을 때 말을 더듬는다고 한다.

말을 더듬는 사람들이 모두 거짓말쟁이라는 건 아니다. 하지만 평소에는 유창하게 말하던 사람이 특정 상황에서 우물쭈물한다거나 한동안 말을 잇지 못하거나 똑같은 말을 되풀이한다면 한 번쯤은 의심해 보아야 한다.

사람들은 말을 더듬는 행동에 대해 부정적으로 반응한다. 무언가 수상하다는 것을 눈치채고, 상대방이 솔직하지 못하다는 것을 느끼는 것이다. 정확히는 알 수 없지만 무언가 옳지 않다는 것을 감지하고 거짓말을 하는 사람의 행동을 주의 깊게 관찰한다. 그리고 그런 사람들과 거리를 두려고 한다. 애석하게도 바로 그 때문에 말을 더듬는 사람들은 마음의 상처를 입는다. 거짓말을 하는 것이 아닌데도 의심을 받기 때문이다. 그러나 말을 반복하거나 머뭇거리는 태도가 사람의 신경을 건드린다는 것만은 분명하다.

로스앤젤레스 레이더스 팀의 수비수였던 레스터 헤이스가 상대 팀의 패스를 가로채 자기 팀에게 승리를 안겼던 때의 일이다. 인터뷰를 위해 TV 카메라를 들이밀자 레스터 헤이스는 말을 더듬거리면서 처음 한 말을 계속 반복하며 하고 싶은 말을 하지 못했다. 그저 똑같은 말만 반복할 뿐이었다. 그날은 레스터에게 평생 최악의 날이었으며, 그를 지켜보는 수백만 명의 축구 팬에게도 당혹스러운 순간이었다.

게다가 스포츠 캐스터는 잔인하게도 그에게 계속 질문을 퍼부었다. 레스터가 말을 계속 더듬자 방송 감독은 갑자기 마이크를 꺼 버렸다. 이 광경을 수백만 명의 시청자뿐 아니라 광고주까지도 보게 되었고, 이 때문에 결국 레스터는 수백만 달러의 광고 계약을 놓쳤다. 이후 그 누구도 레스터를 광고에 출연시키려고 하지 않았다.

하지만 레스터는 사람들의 생각이 틀렸음을 입증했다. 나를 찾아온 레스터는 정성을 다해 말을 더듬는 버릇을 바로잡으려고 노력했다. 얼마 지나지 않아 그는 더듬거리는 말투를 고쳤고, 광고주들이 선호하는 광고모델이 되었다.

┃웅얼거리는 형

말을 웅얼거리는 사람들은 대개 자부심이 낮다. 자기 말이 중요하다고 생각하지 않기 때문에 수줍어하며 웅얼거리는 것이다. 또 언어적으로 수동적이면서 공격적이어서 심중의 말을 모두 털어놓지 않으려 한다.

말을 웅얼거리는 가장 큰 이유는 자신감이 없기 때문이다. 이들은 자신의 존재와 성과를 부끄러워하고 거북해한다. 눈에 띄기를 싫어해 이목을 끌지 않으려 애쓴다.

웅얼거리는 사람들은 상대방으로부터 크게 다시 한번 말해 달라는 요구를 자주 받기 때문에 좋든 싫든 자연히 주위의 시선을 받는다. 이들의 말을 듣는 상대방은 잘 들리지 않아 짜증이 나고, 웅얼거리는 사람은 눈에 띄기 싫은데 상대방이 자꾸만 크게 말하라고 해서 짜증이 난다. 그래서 이 둘 사이에는 악순환이 계속된다.

갤럽 조사에 따르면, 응답자의 80%가 가장 짜증 나게 하는 말투가 웅얼거리는 것이라고 대답했다.

| 단편적으로 말하는 형

사고의 흐름을 따라 말하는 것을 힘들어하는 사람들이 있다. 이들은 정신적으로나 정서적으로 온전치 못하다. 뇌 기능장애, 화학적 불균형 또는 약물반응 때문이거나 정신분열증 같은 심각한 정신병 때문일 수도 있다.

어떤 사람이 계속해서 단편적으로 말한다면, 분명 문제가 있다. 어린아이들이 말을 배우는 과정에서 토막토막 말하는 것은 정상이지만 어른이 그렇게 말하는 것은 정상이 아니다. 단편적으로 말하는 사람들은 몸동작도 툭툭 끊어진다.

이스라엘의 생리학자 모세 펠덴크라이스는 〈미묘하고 명확한 것(The Elusive Obvious)〉이라는 저서에서 단편적인 몸동작은 충동적이고 불완전하다고 했다. 신체 일부는 긴장되어 있으며 동시에 또 다른 일부는 이완되어 있기 때문이라는 것이다. 마찬가지로 어떤 말은 이해가 되지만 또 어떤 말은 전혀 이해할 수 없으며 일관성이 없다. 말과 행동이 따로 논다. 게다가 무언가를 골똘히 생각하는 것처럼 눈빛이 흐릿하다. 정신분열증 환자들도 이렇게 말의 속도와 리듬이 부적절하고 엉뚱한 말을 강조한다.

내 친구 베스가 내게 자기 남자친구인 로버트를 만나보라고 했다. 그는 2시간이나 늦게 나타났다. 셋이 대화를 하는데 나는 도무지 그의 말을 이해할 수가 없었다. 문장은 토막토막 끊겼고, 사고의 흐름도 비논리적이었다.

그가 화장실에 갔을 때, 베스는 들뜬 목소리로 그에 대한 인상을 물었다. 나는 솔직하게 말했다. 마약을 복용하고 있거나 심각한 문제가 있는 것 같다고 말이다. 나는 최소한 그가 하는 말조차 이해할 수 없었다. 베스는 화를 내며 로버트가 돌아오자마자 그와 함께 나가 버렸다.

얼마 뒤 베스는 울면서 내게 전화를 했다. "네 말이 맞았어. 그가 마약을 하는 거야. 나한테는 몇 년 전에 마약을 끊었다고 했는데, 친구들이랑 아파트에서 마약을 하는 걸 봤어. 난 그가 창조적인 사람이라서 그렇게 말한다고 생각했는데……."

단편적으로 말하는 사람을 조심하라. 거기엔 여러 가지 원인이 있지만 좋은 이유는 단 하나도 없다. 이들은 신체의 모든 기관을 조화롭게 움직이지 못할 것이다. 단, 정신병 치료를 위해 약물을 복용하는 탓에 사고가 비논리적이거나 단편적으로 말하는 경우도 있다.

| 투덜이형

뭐든지 세상 탓으로 돌리는 사람들이 있다. 이들은 매사 불평을 늘어놓으며, 대부분의 화제가 다른 사람들이 자신을 불행하게 만든다는 것이다.

건강이든 대인관계 문제든 이들은 도움을 청하면서 관심을 끌려고 한다. 하지만 막상 도와주려고 하면 무시한다. 어디서든 흠을 찾아내며, 현재에 감사할 줄 모르고 과거의 일을 계속해서 걱정한다. 이들과 잠시만 이야기를 해도 온몸의 힘이 빠져나간다. 모든 사람을 자신처럼 불행하게 만드는 사람들이다.

이들에게 대안을 제시하면 대부분 "그래요, 하지만……."이라고 대답하며, 문제가 해결될 수 없는 핑곗거리를 찾아낸다. 피해자라는 사실을 즐기는 것처럼 보인다. 그 때문에 도와주려 했던 사람들은 분개할 수밖에 없다.

| 말수가 적은 형

조용한 사람들은 다소 무서워 보인다. 무슨 생각을 하는지 알 길이 없기 때문이다. 이들은 좀처럼 자기의 의견이나 생각을 말하지 않기 때문에, 의심스럽고 신뢰받지 못하는 경향이 있다.

"좋은 자동차군요."라고 말하면, 이들은 간단히 "예."라고 대답한다.

"차종이 뭐죠?"

"토요타요."

"차 어때요?"

"좋습니다."

"특별히 이 차를 고르신 이유가 있나요?"

"그냥요……."

이처럼 이들은 질문을 하면 단답형으로 대답하고 먼저 말을 거는 일도 없다. 이들에게 말하라는 것은 고문과 다름없다. 그래서 꼭 필요할 때나 본인이 하고 싶을 때만 말한다. 이들은 침묵으로 남을 지배하려는 완고한 성향이 있다. 과거에 받은 상처 때문에 침묵을 지키는 경우도 있다.

이들은 진정한 자아를 찾으려고 하지 않으며 낯선 사람, 새로운 생각, 새로운 모험을 싫어한다. 이들은 냉정하고 남에게 의지하기를 싫어하며 적극적으로 나서지도 않고 사람들과 감정적으로 거리를 둔다. 차라리 혼자 있기를 좋아한다. 사람들과 쉽게 사귀지 못하기 때문에 항상 두려워하고, 대부분의 경쟁을 피한다.

말수가 적은 사람들은 대부분 심리적인 문제를 갖고 있다. 수줍음이 많고 내성적이며 자신의 솔직한 감정을 억누르기도 한다. 이들은 불만이 많고 마음속에 분노와 적개심을 갖고 있다. 조용하고 마음이 여려 보이지만 사실은 그렇지 않다. 지나칠 정도로 자기감정을 억누르다가 어느 날 갑자기 폭발하는 경향이 있기 때문에 무서운 사람일 수 있다.

또한 이들은 완고해서 변화에 잘 적응하지 못한다. "진짜야.", "확실해.", "내 생각에는….", "잘 모르겠는데." 같은 말을 반복하는 경향이 있다. 사람들이 말을 많이 하기 때문에 자신은 말을 아껴야 한다는 식으로 자신의 간단한 대답을 합리화한다. 사람들을 피하고 기존의 생활방식에 안주한다. 그러면서 귀찮은 일에 끼어들기를 싫어한다.

| 잘난 척하는 형

뭐든 아는 체하는 사람들은 상대방의 말을 듣거나 대화를 하지 않고 일방적으로 퍼붓는다. 교수나 교사처럼 고압적으로 말하기를 좋아하며, 상대방을 낮추고 우월감을 느끼려는 속물근성을 가지고 있다. 또한 아이에게 말하는 것처럼 또박또박 천천히 말하는 경우가 많다.

또한 이들은 "그건 말이지…….", "그건 이런 거야…….".라는 식으로 말을 시작한다. 이들은 모든 것을 다 아는 것처럼 말하고 틀린 정보나 잘못된 사실을 서슴없이 이야기한다. 무례하고 남을 배려할 줄 모르며 말을 걸기가 쉽지 않다. 자기만이 정답을 알고 있다는 식의 말하기로 끊임없이 무언가를 설명하려고 하고, 오만하고 유식한 체한다. 누군가 자신의 말을 중간에 끊으면 공격당했다고 느끼기 때문에 화를 내거나 짜증을 낸다.

자기만 옳다고 믿는 이들과 대화를 나누기란 좀처럼 어려운 일이다.

| 잔소리형

이들은 기본적으로 남을 지배하려고 한다. 어떤 일이 제대로 되었는지 수시로 체크하며 똑같은 말을 반복한다. 무시당하는 것을 끔찍이 싫어하며 남을 비난하기를 즐긴다. 또한 자신이 하라는 대로 했는지 끊임없이 확인하면서 상대방을 귀찮게 하며, 자기가 원하는 대로 해도 마음에 들어하지 않고 또다시 비판하며 불만을 퍼붓는다.

잔소리 때문에 인간관계를 끝내려는 사람들이 많다. 회사에서도 가정에서도 빈번히 일어나는 일이다. 잔소리는 승자도 패자도 없는 파워플레이다. 잔소리를 그만두면 대화가 늘어나고 슬픔과 분노는 줄어들 것이다.

| 끼어들기형

사람들은 자신이 말을 하고 있는데 누군가 수시로 끼어들면 자기 생각을 마무리하지 못하기 때문에 기분이 상하고 적개심이 생긴다고 한다.

남의 말을 중간에서 가로채는 사람들은 막무가내로 대화의 주도권을 잡으려는 경향이 있다. 이에 상대방이 화를 내도 아랑곳하지 않고 자신이 하고 싶은 말만 계속한다.

화제를 수시로 전환하는 사람들처럼, 말을 중간에서 가로채는 사람들 역시 모든 대화를 주도하려고 한다. 이기적이기 때문에 상대방과 대화를 나누고 교감하기보다는 자기 생각을 전하는 것을 가장 중요하게 생각한다. 마지막 말을 자기가 하지 않으면 만족하지 못한다. 대화를 주도하고 모두의 시선을 끌어야 만족한다.

남의 말에 끼어드는 이들은 대화뿐 아니라 기본적으로 자기가 모든 것을 통제해야 한다고 생각하는 경향이 있다.

| 욕쟁이형

욕을 많이 하는 사람들은 잘난 척하고 강해 보이려는 경향이 있다. 욕설은 대부분 상대방을 궁지에 몰아넣기 위한 방어수단이다. 한 집단에 소속된 사람들끼리 거친 말을 편안하게 주고받는다면 유대감이 형성될 수 있다. 하지만 대부분의 경우 욕을 하는 데는 어떤 목적이 있다. 상대방의 반응을 보고 상대를 파악하려는 것이다.

언젠가 나를 찾았던 상담자처럼, 상대에게 일종의 충격 효과를 주기 위해 욕을 사용하는 경우도 있다. 그는 높은 사람들과 사이가 좋지 않은 연예계의 문제아였고 나는 그의 악명을 익히 알고 있었다. 그는 내 사무실로 들어서자마자 나에게 욕설을 퍼부어 충격을 주려고 했지만 충격받은 사람은 내가 아니라 그였다. 그의 욕에 욕으로 응수했던 것이다. 그는 내 욕을 듣자마자 만면에 미소를 띠었다. "아주 멋있으신데요." 그때부터 우리는 굉장히 가까워졌다. 나를 시험해본 다음, 내가 경직된 사람이 아니고 자신을 비판하지 않는다는 것을 알고 그가 나를 편안하게 여겼기 때문이다.

불량배나 지배욕구가 있는 사람들은 우위를 차지하기 위해 거친 말을 한다. 위의 사례에서처럼 남을 시험하기 위한 경우도 있고, 상대방의 반응을 떠보면서 관심을 끌기 위해 욕을 하는 경우도 있다. 이들은 학교에서 돌아오자마자 싫은 일을 시키는 부모에게 상스러운 욕을 하는 5~6세의 아이와 비슷하다. 부모는 충격을 받고 화를 내며 "다시는 그런 식으로 말하지 마라."라고 꾸중할 것이다. 아이는 이 사소한 말이 그렇게나 거센 반응을 일으킨다는 것을 알고 깜짝 놀란다. 그 후 아이는 욕설이 부정적이기는 하지만 어떤 반응을 일으킨다는 것을 알고 욕과 권력을 연결시킨다. 아이는 성장하면서 욕설에 엄청난 힘이 있음을 알고 의도적으로 사용한다.

2

표정

읽기

표정은 상대방을 파악하는 데 있어서 언어보다 더 좋은 척도가 될 수 있다. 지그문트 프로이트의 말처럼 "볼 수 있는 눈과 들을 수 있는 귀가 있는 사람이라면 절대로 비밀을 지킬 수 없다. 입을 굳게 다문다 해도 손끝으로 말을 하기 때문이다. 당신의 모든 모공에서 비밀이 새어나온다."

언어에서 비밀이 누설되는 것처럼 표정에서도 비밀이 누설된다. 아무리 감정표현을 억제하려고 해도 순식간에 진짜 표정이 드러나는 것이다. 프로이트의 말처럼 솔직한 감정을 숨기기란 거의 불가능하다.

수백 년 동안 표정은 많은 것을 말해주었다. 렘브란트와 벨라스케스의 작품에서부터 현대의 사진과 비디오 작품에 이르기까지 예술작품에서 보았던 표정은 우리 마음에 영원히 각인된다. 존 F. 케네디의 암살범 리 하비 오스월드(Lee Harvey Oswald)가 나이트 클럽 주인 잭 리언 루비(Jack Leon Ruby)에게 저격당할 때 그의 얼굴에 순간적으로 스쳐갔던 감정을 어떻게 잊을 수 있단 말인가? 미국의 베트남 공습 때 비 오듯 쏟아지는 포화 속을 공포에 질려 울부짖으며 달려가던 나체의 베트남 소녀 판 티 킴 푹(Phan Thi Kim Phuc)의 표정을 어떻게 잊을 수 있단 말인가? 체조선수 메리 루 레튼이 올림픽 금메달을 목에 건 후 코치 벨라 카롤리에게 뛰어들 때의 기쁨과 환희의 표정은 어떠한가? 클린턴 대통령이 전 국민에게 그동안 솔직하지 못해 죄송하다며 모니카 르윈스키와의 부적절한 관계를 고백하던 순간의 그 수치스럽고 슬픈 표정은 어떠한가? 표정이 마음속의 감정을 생생하게 보여준다는 데는 의문의 여지가 없다.

대부분의 사람들은 자신이 표정을 잘 읽을 수 있다는 사실을 깨닫지 못한 채, 이 정보를 당연하게 받아들이는 경향이 있다. 표정은 감정을 고스란히 보여준다. 표정만 보면 대화를 나눌 때 말이 필요 없다. 인종적, 문화적 배경과 관계없이 누구에게나 공통적인 여러 가지 표정이 있다. 유아도 이같은 표정을 스스로 개발하기 때문에 다른 사람의 표정을 정확하게 인식할 수 있다는 것이 여러 연구에서 증명되었다.

이제 우리는 다양한 표정의 의미와 표정을 통한 감정전달 방법을 살펴볼 것이다. 표정의 의미를 해석해보고 풀이하는 법을 배워보자.

표정을 통해 이루어지는 비언어적 의사소통

많은 연구결과를 통해 비언어적 의사소통의 55%가 표정을 통해서 이루어진다는 것이 증명된 바 있다. 누구나 적절한 단어를 생각하고, 상대방이 듣고 싶은 말은 무엇이든 말할 수 있으며, 귀를 사로잡는 육감적이고 낭랑한 음색으로 말할 수 있다. 하지만 표정과 말이 일치하지 않는다면 차라리 아무 말도 하지 않는 편이 낫다.

몇 년 전 한 모임에서 두 쌍의 부부를 소개받았다. 나는 네 사람 모두 입을 꾹 다문 채 억지 미소를 짓고 있음을 눈치챘다. 대화의 내용은 재미있었지만 서로를 바라보는 눈에 생기가 없었다. 나는 차츰 그 자리가 불편해지기 시작했다. 두 부부 사이에 묘한 긴장감이 흐르고 있음을 느꼈기 때문이다. 나는 서둘러 양해를 구하고 자리를 떠나 다른 사람들과 어울렸다.

잠시 후, 나는 모임에서 소개받은 두 쌍의 부부 중 한 쌍의 부부를 다시 만났다. 그런데 이번엔 둘의 태도가 전혀 달랐다. 얼굴은 편안했고 표정도 훨씬 행복하고 생기 있어 보였다. 그들의 미소는 진심에서 우러나오고 있었으며, 더 이상 입을 꾹 다물고 있지 않았다.

"함께 계셨던 부부는 어디 갔나요?"

나는 짐짓 모른 척하고 물어보았는데 부인의 대답은 역시 예상대로였다.

"다행히 집에 갔답니다. 그 두 사람, 얼마나 아는 척을 하는지 몰라요. 마음에 들지 않지만 함부로 대할 수도 없답니다. 조가 승진해서 제 남편 짐의 부서를 담당할지도 모른다는 소식을 들었거든요. 그러니 어쩌겠어요, 잘 보이는 수밖에."

그 말은 이미 내가 눈치챈 것을 확인해 주었다. 짐 부부는 잔뜩 긴장한 채 조 부부와 불편하게 이야기하고 있었던 것이다. 그들과 좀 더 이야기를 나누면서 내 짐작이 정확했음을 확신할 수 있었다.

강력하고 확실한 의사전달

눈은 가장 강력한 의사소통 수단이다. 상대의 눈을 보면 당신에게 관심을 갖고 있는지, 적개심을 갖고 있는지 알 수 있다. 만일 누군가가 당신을 좋아한다면 그는 당신을 자주 쳐다볼 것이고, 눈동자가 커질 것이다. 또 당신의 얼굴 왼쪽부터 시작해 오른쪽으로 천천히 응시할 것이다. 만일 당신이 그에게 관심을 가져주지 않는다면, 그는 눈썹을 거의 움직이지 않고 안

면근육은 늘어지고 아래턱은 약간 내려가며 입은 굳게 다물어 얼굴 아랫부분이 좀 길어 보이는 표정을 지을 것이다. 이러한 표정은 실망감을 드러낸다.

시선을 피하는 사람은 수줍음이 많거나 뭔가를 숨기고 있고 못마땅하다는 것을 표현한다. 상대방에게 반했다는 사실을 숨기려고 눈을 피할 수도 있다.

흉내는 가장 기분 좋은 아첨이라고 한다. 따라서 당신의 미소나 고갯짓 등을 따라 하는 사람은 당신을 존경하거나 좋아하는 것이 틀림없다.

두 사람이 똑같은 행동을 같이하는 것은 서로 좋아하고 있음을 알 수 있다. 커플을 관찰할 기회가 있다면 두 사람이 서로의 행동을 따라 하는지, 비슷한 동작을 얼마나 자주 하는지 살펴보라. 두 사람이 서로에게 미소를 짓고 비슷한 동작을 한다면 그 커플은 사랑에 빠졌거나 이미 깊이 사랑하는 사이이다.

| 눈으로 감정파악하기

라모나는 첫 번째 대학모임에 참석했다. 다소 긴장하고 수줍었던 그녀는 아는 사람을 찾아 두리번거렸다. 그런 그녀의 눈에 케빈이 들어왔고, 그녀의 시선을 의식한 케빈도 미소를 보냈다. 둘은 가벼운 이야기를 나누기 시작했다. 대화를 나누는 동안 케빈은 계속해서 그녀를 응시하면서 미소를 지었다. 라모나는 그런 케빈의 모습이 마음에 들었다. 그녀는 케빈과 대화하는 내내 마음이 편하고 기분이 좋았다.

그때 누군가가 큰 소리로 케빈을 부르며 달려왔다. 오랫동안 소식이 끊겼던 케빈의 단짝 친구 대럴이었다. 대럴은 라모나에게 건성으로 인사를 건네고 케빈과 정겹게 이야기했다. 케빈이 라모나를 대화에 끌어들이려고 했지만 대럴은 라모나와 눈도 마주치지 않았고 그녀가 말을 할 때마다 고개를 돌렸다. 그러한 대럴의 행동에서 라모나는 그의 진심을 파악할 수 있었다. 대럴은 그녀를 싫어하고, 그녀가 케빈 곁에 있는 것도 마음에 들지 않아 한다는 것을 말이다.

사람들은 좋아할수록 상대를 더 자주 바라보고, 반대로 싫을수록 그 상대를 보는 시간이 점점 줄어든다.

| 거짓말하는 눈

미소를 지을 때 눈을 보면 그 미소가 진심인지 아닌지를 알 수 있다.

보스턴에 있는 스트레스 장애 국립센터의 타마라 뉴먼은 과거에 불안증과 억압증을 경험한 60명의 여성을 촬영했다. 이들은 입술 끝을 올리며 행복한 표정을 지었지만, 진짜 감정은 억누르고 있었다. 그 억눌린 감정은 웃음기 없는 슬픈 눈에 반영되었다.

미소 짓는 사람의 사진을 입을 가리고 다시 보면 눈에 깃든 감정을 볼 수 있다. 입은 웃고 있지만 눈은 슬프기 때문이다. 또한 뺨이 올라가지 않고 코가 옆으로 벌어지지 않았다면 그다지 행복하지 않은 상태이다. 진심으로 웃는 사람은 얼굴이 환해지고 눈이 반짝거린다. 눈가에 주름이 생기지 않거나 이마가 미동하지 않는다면 그것 또한 가짜 웃음이다. 말로는 행복하다고 해도 사실은 행복하지 않다는 무언의 표시인 것이다.

감정을 나타내는 눈

사람을 읽을 때 표정의 미묘한 차이도 중요하다. 눈의 미세한 움직임만으로도 상대방의 미묘한 감정변화와 상태를 포착할 수 있다.

| 놀랐을 때

놀랐거나 허를 찔리면 눈이 커지고 눈썹이 올라가며 입이 벌어지는 확실한 반응이 나타난다.

| 겁에 질렸을 때

겁에 질렸을 때도 눈이 커진다. 임박한 위험을 감지하기라도 한 것처럼 눈을 크게 뜬 채 동작을 멈춘다. 아래 눈꺼풀은 긴장되고 눈썹은 올라간다. 하지만 놀랐을 때와는 달리 두려워할 때는 눈썹이 가운데로 몰리고 입술은 옆으로 약간 당겨진다.

| 화가 났을 때

화가 난 사람은 상대방을 똑바로 바라본다. 눈이 가늘어지면서 강렬한 시선을 보낸다. 어떤 사람이 눈 하나 깜짝하지 않고 상대방을 계속해서 쳐다본다면, 겁을 주고 지배하려고 하거나 위협하려는 것이다.

| 응시할 때

상대방을 뚫어지게 응시하는 이유는 둘 중 하나다. 성적으로 접근하려는 것이거나 아니면 적대적인 행동이다. 침팬지, 고릴라, 개, 사람을 막론하고 누군가를 빤히 쳐다보는 것은 바람직한 행동이 아니다. 일정 시간 동안 표정의 변화 없이 한 사람을 계속 응시하면 상대방은 갈수록 불편해한다.

교활한 사람도 상대방을 빤히 바라보는 경우가 있다. 편안하고 자연스러운 눈길이 아니라 조심스럽게 상대방을 살피면서 본다.

| 의심할 때

눈이 가늘어지고 이마에 주름이 잡히면서 한쪽 눈썹이 올라가면, 상대방의 말을 의심하고 있다는 뜻이다. 확실한 결정을 내리지 못할 때도 이런 표정을 짓는다.

| 경악할 때

소스라칠 정도로 놀라면 눈을 올려 천정을 바라본다. 상대방을 믿지 않거나 눈앞에 벌어지는 일이 도저히 믿기지 않을 때 이런 표정을 짓는다.

| 수줍을 때

수줍어하거나 당황하면 상대방과 시선을 마주치지 않고 곁눈질을 하게 된다. 당황하거나 수줍음을 타는 아이들처럼 고개를 숙인 채 다른 사람을 곁눈질하는 것은 유혹의 시선이기도 하다.

인류학자 데스몬드 모리스는 '대담하면서도 수줍다'라는 모순된 의미를 내포하고 있는 이 행동을 갈등의 움직임으로 정의했다.

자신감이 없기 때문에 조심스레 시선을 피하면서 상대를 똑바로 바라보지 못하는 이 눈길은 상황에 따라 상대방에게 매력적으로 보일 수도 있고 기분 나쁘게 보일 수도 있다.

| 슬프거나 부끄러울 때

슬프거나 당황했을 때 혹은 부끄러울 때는 시선을 피하기 위해 눈을 내리깐다. 눈썹 또한 약간 일그러진다.

| 항변할 때

거짓말할 때 시선을 피하는 것과 마찬가지로 진실을 말할 경우, 특히 부당한 누명을 썼을 때는 눈 주위의 근육은 이완되며 강렬한 시선으로 상대방을 똑바로 바라본다.

| 눈에 경련이 일 때

눈에 경련이 생기는 현상은 대부분 긴장과 스트레스로 인해 근육이 수축하기 때문이다. 이런 증상이 나타나면 우선 생활을 돌아보라. 스트레스가 위험 수위에 있다는 경고임을 잊어서는 안 된다.

| 눈을 지나치게 깜빡일 때

초조하거나 불안하면 눈을 많이 깜빡이게 된다. 내담자 중에 뉴스앵커가 있었다. 그녀는 방송 중에도 유난히 눈을 깜빡였다. 유능한 앵커임에도 불구하고 계약을 연장할 수 없을까 봐 내심 불안했기 때문이었다. 실직에 대한 그녀의 불안감이 이런 현상으로 나타난 것이다.

우리는 그녀가 뉴스앵커 외에도 할 수 있는 일이 많다는 결론을 내렸다. 재계약이 이루어지지 않을 경우에 대한 대비책을 세우고 업무에 관해 오랜 대화를 나누자 그녀의 긴장은 누그러지기 시작했다. 그녀는 다음 방송에서부터 눈을 깜빡이는 현상이 완전히 사라졌다. 긴장감과 미래에 대한 걱정이 사라지자 눈이 안정을 되찾은 것이다. 결국 그녀는 계약기간을 3년 연장할 수 있었다.

또, 진실을 말하지 않거나 어떤 걱정이 있을 때, 상대방이 자신을 믿지 않을까 봐 불안할 때도 눈을 깜빡거린다.

| 시선을 피할 때

어떤 사람이 눈길을 피한다면 틀림없이 문제가 있다는 표시다. 상대방을 좋아하지 않거나 관심이 없을 때, 혹은 상대하기가 싫거나 두려울 때 시선을 피한다. 대부분의 경우, 거짓말을 하는 사람은 어떻게 해서든 시선을 피하려고 한다. 죄책감 때문에 상대방의 눈을 보고 싶지 않은 것이다.

하지만 시선을 피한다고 해서 반드시 거짓말을 하는 것은 아니다. 불편하거나 숨기고 싶은 것이 있는 경우 시선을 피하기도 한다. 혹은 자신감이 부족하다는 사실을 감추기 위해 시선을 피할 수도 있다.

감정을 나타내는 눈썹

비즈니스나 개인적으로 연관된 누군가가 당신에게 호감이 있는지 살펴보려면 눈썹을 관찰하라. 그가 당신에게 호감을 갖고 있다면, 입가에는 미소가 떠오르고 눈썹은 순간적으로 올라갔다가 다시 원상태로 돌아올 것이다. 이 반응은 꼭 한 번만 일어나며 항상 미소를 수반한다. 관심 있는 사람이 보이면 눈을 더 크게 뜨게 된다. 상대방도 똑같은 반응을 보인다면 서로에게 호감이 있다는 뜻이다. 반대로 눈썹에 아무 반응이 없다면 관심이 없다는 의미다.

상대방을 싫어하거나 불안하면 눈살이 찌푸려진다. 그와 동시에 눈썹이 올라가고 미간이 좁아진다.

충격받았을 때나 의심할 때도 눈썹이 올라간다. 눈썹이 가운데로 몰리고 미간에 주름이 잡히면서 눈썹이 찡그려지면 화가 났다는 의미다.

감정을 나타내는 미소와 입술

미소와 입술을 통해서도 본심을 알 수 있다. 입술, 목, 뺨 등 모든 것이 마음의 상태를 알려준다.

| 진짜 미소

미소는 가장 강력한 표현 중 하나다. 진짜 미소를 지을 때는 입술 끝이 올라가고 이가 보이며 뺨이 올라가고 눈가에 주름이 생긴다.

미소의 힘을 시험해보고 싶다면 마음에서 우러나온 미소를 보내고 상대방의 반응을 살펴보라. 특별히 기분이 좋지 않거나 웃고 싶지 않더라도 일단 웃어보라. 그저 진짜 미소를 짓는 것처럼 활짝 웃으면서 감각의 기억을 되살려보라. 예전에 행복했던 순간을 떠올리면서 미소를 지어보라. 이에 대한 상대방의 긍정적인 반응에 깜짝 놀랄 것이다.

웃음은 전염성이 강하다. 미소를 보내면 대부분은 상대방도 미소로 답할 것이다. 미소를 주고받으면 긴장감이 사라지고 서로 마음의 문을 열게 된다.

| 굳은 미소

굳은 미소는 가짜 미소다. 어린 시절 억지로 찍은 가족사진을 기억하는가? 사진 찍는 것이 내키지 않아 웃지도 않고, 사진사의 "김치"라는 말에 마지못해 따라 한 적이 있을 것이다. 나중에 사진을 받아보면 입은 웃고 있지만 눈은 그리 즐거워 보이지 않는 것이 그런 이유다.

이것이 바로 가짜 웃음, 즉 억지로 꾸민 미소다. 싫어하는 사람이나 불편한 사람에게 예의상 웃어야 할 때는 어색한 미소를 지을 수밖에 없다. 다음에 누군가 무표정한 눈으로 애써 "김치"라고 말하는 듯한 미소를 짓는다면 진짜가 아님을 깨달아라.

입을 꾹 다문 채 웃는 사람은 진짜 감정을 숨기고 있는 것이다. 이런 표정을 지으면서 "걱정 마.", "별거 아니야."라고 말한다면 그의 속마음은 정반대의 말을 하고 있다고 봐야 한다. 사실은 문제가 심각하고 걱정해야 한다는 뜻이다.

| 어색한 미소

위기 상황에서도 웃는 사람은 그로 인해 더 큰 위기를 맞는다. 바로 이런 반응을 전 대통령 지미 카터가 자주 보여주었다. 많은 사람들이 그가 재선에 실패한 이유를 부적절한 표정 때문이었다고 말한다. 카터는 당시 TV에서 이란 인질사태에 대해 이야기할 때마다 어색하게 웃곤 했다. 이 표정은 사람들을 불쾌하게 만들었고, 카터의 진실성과 신뢰성에 흠집을 냈다. 대부분의 미국인은 '대체 저 사람은 그렇게 끔찍한 사태가 일어났는데 뭐가 재미있다고 웃는 거야?'라고 생각했기 때문이다. 문제는 카터의 그 부적절한 미소가 불안감의 표현이었음을 사람들이 몰랐던 것이다. 카터의 진지하고 슬픈 말은 미소와 어울리지 않았다. 그 때문에 카터는 나약한 지도자로 비쳤다.

불행한 소식을 듣고 어색하게 미소 짓는 사람이 있다면, 그도 어쩔 수 없어서 그렇다는 것을 이해하자. 불편하고 불안한 마음에 대한 무의식적 반응일 뿐이다.

| 입술 깨물기

입술을 깨무는 것은 내면의 분노와 불만을 억누르기 위한 행동이고, 고개를 저으며 아랫입술을 깨무는 것은 화가 많이 났다는 뜻이다.

다이애나 황태자비는 많은 사진에서 볼 수 있듯 입술을 자주 깨물곤 했는데 귀찮은 사진사들에 대한 적개심을 억누르기 위한 행동으로 볼 수 있다.

| 입술 핥기

진실을 말하지 않거나 초조할 때 입술을 핥는다. 초조하면 입술이 마르기 때문에 자연히 침을 분비하려고 입술을 핥는 것이다. 또 입술 핥기는 유혹적인 행동으로 여겨지기도 한다.

감정을 나타내는 턱

인류학자 데스몬드 모리스는 턱을 비롯한 얼굴 아랫부분의 움직임을 관찰하면 상대방에 대한 많은 정보와 감정상태를 읽을 수 있다고 주장했다.

| 화가 났을 때

화가 난 사람은 턱을 앞으로 내미는 경향이 있다. 이 행동은 대부분 위협적이거나 적대적인 행동으로 여겨진다. 싫어하는 일을 시켰을 때 어린아이들이 턱을 내미는 것을 종종 보았을 것이다. 싫다는 말을 하기 전에 반항의 몸짓으로 턱을 내미는 것이다. 대부분의 사람들은 성인이 되어서도 이런 행동을 한다.

또한 부당한 대접을 받거나 남을 꾸짖으려고 할 때 무의식적으로 턱을 내민다. 대화를 나눌 때 상대방의 턱을 보면 그가 화가 났는지를 알 수 있다.

| 무서울 때

턱을 당기는 것은 두려움의 표현이다. 거북이가 껍질 안으로 들어가듯, 방어적인 반응을 보이는 것이다. 공포영화를 볼 때 턱을 목에 붙이면서 움찔하는 경우가 있다. 턱을 안으로 바싹 당기는 사람은 상대방을 두려워하거나 위기감을 느끼고 있는 것이다.

| 지루할 때

턱을 손으로 받친다는 것은 상대방의 말에 집중하려고 애쓰고 있다는 의미다. 생각에 잠긴 것 같지만 사실은 지루해서 어떻게든 집중해보려고 하는 행동이다.

| 집중할 때

턱수염을 만지듯이 턱을 가볍게 쓰다듬으면 상대방의 말에 온 신경을 집중하고 있다는 뜻이다.

| 비난하거나 잘난 척할 때

남을 비난하고 잘난 척하기 좋아하는 사람은 턱을 올리는 경향이 있다.

"나는 너보다 낫다." 또는 "너는 네가 무슨 말을 하는지도 모르는 바보다." 라는 뜻이다.

| 의심할 때

상대방의 말을 믿을 수 없을 때 턱을 문지르거나 붙잡는다. 불신감을 들키지 않으려는 무의식적 행동이다.

감정을 나타내는 코 읽기

코를 만지는 것은 뭔가를 숨길 때 하는 무의식적 행동이며, 남을 속이고 진실을 말하지 않는다는 표시다. 해서는 안 될 말을 했을 때 입을 가리는 것처럼 진실을 감출 때는 코를 만진다.

어느 날 루시는 우연히 대학동창 토드를 만났다. 토드는 루시에게 "더 예뻐진 것 같네."라고 하면서 코를 만졌다. 옷이 예쁘다고, 좋아 보인다고, 만나서 반갑다고 말할 때도 무의식적으로 코를 잡았다. 루시는 토드와 만나지 않은 몇 년 사이에 살이 많이 찌고 주름살도 많아졌기 때문에 토드가 그녀에게 보낸 찬사는 사실이 아니었다. 다행히 둘의 대화는 길어지지 않았다. 이야기가 더 길어졌다면 토드의 코는 허물이 벗겨졌을지도 모른다.

감정을 나타내는 귀 읽기

무의식적으로 만지는 신체부위 중에는 귀도 포함된다. 검지를 구부려 귀 뒷부분을 긁으면 상대방의 말을 의심하거나 이해할 수 없다는 의미다. 말을 할 때 귀를 잡아당기는 것은 시간을 끌기 위한 것이며, 어떤 반응을 보일지 생각해보고 싶다는 것이다.

엄지와 검지로 귀를 문지르는 무의식적인 행동은 이야기를 그만 듣고 싶다는 의미다. 상대방의 말이 거짓임을 알고 있을 때 그 말이 귀에 들어오는 것을 막으려는 무의식적 행동이다. 이렇게 행동하는 사람은 상대방의 말에 관심이 없거나 믿지 않는 것이다.

3
몸짓
읽기

　몸짓은 다양한 환경과 상황에서 구체적인 의미를 전달하는 동작, 제스처, 버릇 등을 의미한다. 상대방의 말에 신중하게 귀를 기울이고 더불어 그의 표정과 몸짓까지 살펴보면 더 많은 정보를 알 수 있다. 그들이 거짓을 말하는지 진실을 말하는지, 당신을 좋아하는지 싫어하는지, 그들의 말이 액면 그대로인지 과장된 것인지 등을 말이다.

　여러 몸짓을 살펴보고 특정 움직임이나 자세, 뉘앙스의 진짜 의미가 무엇인지 살펴보도록 하자.

유명인사의 몸짓

상원의원 존 매케인은 당시 주지사였던 조지 부시와 공동 기자회견을 열어 부시 대통령 후보가 당선될 수 있도록 노력하겠다고 했다. 하지만 존 매케인의 말과 몸짓은 달랐다. 치열하게 경합하면서 상처받은 자존심과 비통함이 드러난 것이다. 매스컴은 이를 간파하고 매케인의 언행이 일치하지 않는다고 보도했다. 더 자세히 말해 부시 앞에 섰을 때 매케인의 몸이 긴장되고 뻣뻣해지는 것을 포착한 것이다.

몇 년 전 〈코스모폴리탄〉지에 연예인 부부의 사진을 보고 그들의 몸짓을 분석해 계속 같이 살 부부와 곧 헤어질 커플을 예상하는 글을 기고한 적이 있다. 짐 캐리와 로렌 홀리, 브룩 실즈와 테니스 스타 안드레 애거시, 파멜라 앤더슨과 가수 토미 리가 분석 대상이었다.

사진 속의 로렌 홀리는 짐 캐리와 다정하게 손을 잡고 있었다. 그렇지만 손을 놓으면 둘의 관계도 끝날 것 같은 절박함이 엿보였으며, 긴장된 팔과 손의 근육이 그것을 뒷받침해주고 있었다. 여러 장의 사진에서도 짐 캐리는 로렌을 외면한 채 카메라와 팬들을 바라보고 있었다. 그들 사이는 이미 파국으로 치닫고 있었던 것이 분명했다. 캐리는 아내 쪽으로 몸을 기울이지 않았고, 둘 사이에는 긴장감이 흘렀다. 결국 두 사람은 이혼했다.

브룩 실즈와 안드레 애거시도 눈에 띌 만큼 긴장되어 있었다. 그 사진은 안드레와 새 애인 슈테피 그라프의 것과 전혀 달랐다. 안드레와 그라프는 여유 있고 편안해 보였으며, 서로 몸을 기울여 둘 사이의 애정을 과시했다.

파멜라와 토미 리는 처음에는 천생연분 같았다. 사진을 찍을 때마다 둘은 가슴과 골반을 밀착하고 있었다. 맨 처음 같이 찍은 사진만 보면 둘 사이가 너무나 뜨거워 사랑의 열기가 식으면 어떻게 될지 걱정스러울 정도였다. 그러나 말도 많고 탈도 많은 두 번의 결별을 겪은 지금, 둘의 재결합은 불가능해 보인다.

이제 비즈니스나 일상에서 상대방을 새로운 관점에서 세세히 관찰해보라. 상대방의 움직임과 자세에서 서로에 대한 진짜 감정을 알 수 있다.

과거에 토크쇼 사회자로 이름을 날렸던 캐시 리 기포드가 바람을 피운 남편을 용서했다는 기사가 보도된 적이 있다. 하지만 방송에 출연한 부부를 본 나는 전혀 반대의 의미를 읽을 수 있었다. 남편과 나란히 앉아 다이앤 소이어와 인터뷰를 하는 그녀는 입을 꾹 다물고 적의에 찬 표정으로 턱을 내민 채 앉아 있었다. 시청자들에게 믿어 달라고 말하는 달콤하고 관대한 음성과는 큰 대조를 이뤘다.

프랭크의 말 또한 몸짓과 일치하지 않았다. 그는 캐시를 쳐다보지도 않았고 아무 감정없이 앉아 있었다. 캐시가 남편의 손을 잡으며 사랑의 제스처를 보내도 모른 체했다. 그가 보내는 무언의 메시지는 "잠깐 바람 좀 피웠다고 공개적으로 창피를 준 캐시에게 화가 나 있다!"는 것이었다.

몸짓은 거짓말을 하지 않는다

몸짓은 자기 자신과 상대방에 대해 많은 것을 말해준다. 몸짓, 자세, 몸의 위치는 중요하다. 모든 자세와 동작은 본인이 의식하든 못 하든 간에 감정을 정확하게 전달한다. 몸짓이 '진짜' 감정을 드러내기 때문이다. 이러한 신호는 억제된 감정을 밖으로 표출하려는 것이다. 실제로 감정을 감추려고 할 때마다 혈압이 올라간다는 연구결과도 있다.

닉슨 대통령은 몸짓을 통해 자신의 감정을 적나라하게 보여주었다. 그는 난감한 질문을 받으면 질문자의 반대쪽으로 고개를 돌렸고, 가능한 한 그 사람과 멀리하려고 했다. 단순히 질문자와 거리를 두려고 한 것이었지만 사람들의 눈에는 그가 정직하지 않은 사람처럼 비쳤다. 그의 몸짓을 보는 것만으로도 뭔가를 숨기고 있음을 눈치챈 것이다.

몇 년 전 나는 마리사라는 대단히 인상적인 15살짜리 소녀를 상담한 적이 있다. 상담하는 동안 나는 마리사의 높은 지능과 우아한 자태, 섬세한 손과 팔의 움직임에 깜짝 놀랐다. 그 몸짓은 긍정적인 자신감의 표현이었다.

그러던 어느 날 마리사의 엄마가 상담에 동참하면서 모든 상황이 바뀌었다. 마치 다른 사람이 된 것처럼 마리사의 태도가 달라진 것이다. 마리사는 양손을 무릎 위에 얹은 채 머리를 푹 숙이고 아무와도 눈을 마주치지 않았다. 이 모든 현상의 원인을 짐작할 수 있었던 나는 마리사가 가여워졌다. 아이는 엄마의 윽박에 겁을 먹고 자신감을 잃어버린 채 엄마 앞에서는 한없이 왜소해졌던 것이다.

이 점을 엄마와 아이에게 설명하자 마리사는 엄마가 옆에 있으면 늘 불안하다고 솔직하게 인정했다. 아이는 엄마를 기쁘게 해주기는커녕 엄마의 기대를 한 번도 충족시킬 수 없었다. 증상의 원인을 알게 되자 대화의 통로가 열렸고, 마침내 엄마와 아이는 서로를 존중하는 법을 알게 되었다.

| 몸을 기울일 때

누구나 좋아하는 사람을 향해 몸을 내미는 경향이 있다. 이것은 상대방에게 관심이 있다는 표시다. 어떤 것에 관심이 많으면 몸을 앞으로 내밀고 다리는 뒤로 당긴다. 앉아 있을 때 몸을 옆으로 기울이면 상대가 좋다는 의미이고 몸을 뒤로 기울이면 상대방이 싫고 지루하거나 불편하다는 의미다.

한 친구와 점심을 먹을 때였다. 그녀는 모임에 참석한 한 남자에게 관심을 보였다. 그가 화장실에 간 사이, 친구는 여고생처럼 들뜬 얼굴로 자기와 그 남자가 맺어질 것 같은지 물었다. 친구의 기분을 망치고 싶지 않았던 나는 직접 알아보라고 했다. 남자가 친구 쪽으로 몸을 기울이는지, 얼마나 가까이 앉는지를 살펴보면 알 수 있다고 말이다.

잠시 후 그가 돌아오자마자 친구는 모든 것을 알게 되었다. 둘이 맺어질 가능성은 전혀 없으며, 혹 있다 해도 극히 희박하다는 것을 말이다. 그는 의자에 등을 기댄 채 앉았고 그녀가 가까이 다가가자 징그러운 벌레라도 본 듯 몸을 움찔했다. 그는 딱딱한 어조로 격식을 차려 말하며 친구에게 관심을 보이지 않았다. 이미 사귀는 여자가 있었던 그는 그녀에게 관심이 없다는 것을 몸짓을 통해 전달한 것이다.

| 남의 영역에 침범할 때

동물처럼 사람도 자기 공간과 영역에 대한 규칙이 있다. 동물은 다른 동물에게 영역을 침범당했을 때 위협을 느끼고 공격을 가한다. 사람도 마찬가지다. 문화권마다 앉거나 서 있을 때 상대방과 유지해야 하는 거리에 대한 규칙이 있다. 서양인들이 자기 공간에 타인이 침범하는 것을 싫어한다면, 남미인과 중동인들은 가까운 것을 좋아한다. 어느 문화권에서나 남의 영역에 침범하는 사람들은 대부분 권력지향적이고 자기도취에 빠져 있다. 이처럼 타 문화권에서 비즈니스를 하려면 그 지역의 관습을 적극적으로 이용하는 것이 좋다.

사람들은 상대방이 자신의 영역에 필요 이상으로 침범하면 이에 위협을 느끼고 화를 내거나 뒤로 물러나면서 팔짱을 낀다. 이는 자기 자신을 보호하기 위한 무의식적 행동이다. 또한 발바닥으로 가볍게 바닥을 두드리거나 안절부절못하면서 계속 자세를 바꾸기도 하고 긴장된 목소리로 상대에게 뒤로 물러서라고 말할 수도 있다. 한편으로는 자신의 입 냄새나 체취 등을 의식하게 되고, 자신의 영역에 침범한 의도를 궁금해하지만, 침입자가 어떤 핑계를 대든 부정적인 감정을 떨쳐버리지 못한다. 하지만 좋아하는 사람이 가까이 오면 오히려 좋아한다.

또, 강하고 자신감이 넘치는 사람은 팔다리를 벌리거나 더 많은 공간을 차지하는 경향이 있고, 반대로 불안정한 사람들은 팔다리를 오므려 엄마 배 속에 있던 자세를 취하기도 한다.

| 지나치게 멀리 서 있을 때

지나치게 멀리 떨어져서 서 있는 사람은 오만하고 거드름을 피우거나 자신이 남들보다 우월하다고 생각한다. 말 그대로 남과 가까이하려고 하지 않는다. 상대방이 싫어서 가까이 다가서지 않을 수도 있다. 혹은 상대방의 사람됨이나 말, 체취 또는 외모가 싫어서일 수도 있다. 거리를 두는 사람들은 다른 이들로부터 위협받는다고 느끼는 경우가 많다.

┃ 동작을 따라 할 때

상대방이 당신에게 호감을 갖고 있는지를 확인하고 싶다면 그가 당신의 동작을 따라 하는지 살펴보라. 동시에 다리를 꼰다거나 손으로 얼굴을 괸다거나 깍지를 끼는 것처럼 상대방이 당신의 몸짓을 따라 한다면 그는 당신에게 관심이 있는 것이다. 상대방을 따라 한다는 것은 똑같아지고 싶다는 표현이다.

┃ 몸을 앞뒤로 흔들 때

불안하거나 초조하다는 신호다. 성인들은 불편할 때 마음을 안정시키기 위해 몸을 앞뒤로 흔든다. 아이들은 흔히 앞뒤로 몸을 흔들며, 특히 자폐 아들에게서 이러한 행동을 종종 볼 수 있다. 이는 불안감을 진정시키기 위한 것이다.

성인이 몸을 앞뒤로 흔들면서 말을 하면 그의 말에 집중하기 힘들고 주위가 산만해지기 때문에 상대방은 불쾌해할 것이다.

| 안절부절못할 때

가만히 있지 못하고 계속 몸을 움직이는 사람은 많은 것을 말하고 있는 것이다. 자리가 불편해서 몸을 이리저리 움직이는 걸 수도 있지만 이는 초조하고 빨리 자리를 뜨고 싶다는 신호이며, 손을 흔들거나 발을 까딱거리는 행동은 불안하거나 짜증이 난다는 뜻이기도 하다.

불편하면 체온이 조금 올라가고, 열이 나면 점점 더 불편해지기 때문에 넥타이를 느슨하게 하려고 만지작거릴 수도 있다.

| 머리를 기울일 때

한쪽으로 머리를 기울인다는 것은 상대방의 말에 관심을 가지고 귀를 기울인다는 의미다. 즉 상대방의 말에 완벽하게 집중하고 있다는 뜻이다.

말할 줄 모르는 아기가 어른의 말을 들을 때 머리를 한쪽으로 기울이는 것을 흔히 볼 수 있다. 이는 아이가 주의 깊게 당신의 말을 듣고 있다는 의미다.

| 고개를 홱 돌릴 때

사람들은 듣기 싫은 말을 들으면 상대방으로부터 고개를 홱 돌리는 경향이 있다. 이는 그 사람과 벽을 쌓으려는 무의식적 행동이다.

| 고개를 끄덕일 때

상대방의 말을 들으며 계속 고개를 끄덕이는 행동은 그를 편안하게 해주고 환심을 사기 위한 것이다. 이들은 상대로부터 호감을 사려는 욕구가 강하다. 고개를 끄덕이는 것은 "나를 좋아해 주세요. 당신의 말에 모두 동의합니다. 그러니 나를 사랑해 주세요."라는 뜻이다. 이들은 무엇보다 거부당하는 것을 두려워한다.

고개를 좌우로 젓는 것은 상대방의 말에 의문이 있거나 내키지 않는다는 표현이다. 상대방의 말을 가늠해보고 어떻게 대답할지 결정하기 위해 고개를 좌우로 흔드는 것이다.

| 고개를 숙일 때

종교의식에 참석했을 때나 문화적으로 상대방에 대한 존경심을 나타내기 위해 고개를 숙이는 것이 아닌 한, 다른 사람 앞에서 고개를 숙이는 것은 자신감이 없다는 표현이다. 다이애나 비는 말을 할 때 고개를 숙이곤 했다. 결혼 초기에는 순종의 몸짓으로 해석될 수도 있었지만, 세월이 흐른 뒤에도 여전히 고개를 숙인 채 말하는 그 몸짓은 불행한 결혼생활을 반영하고 있었다. 황태자비로서의 역할에 자신이 없음을 말하고 있던 것인지도 모른다.

| 머리를 앞으로 내밀 때

머리를 앞으로 내미는 행동은 위협을 의미한다. 턱을 앞으로 내미는 것처럼 이는 문제에 공격적이거나 적대적으로 대응하겠다는 표현이다. 고개를 가로젓거나 뒤로 젖히는 행동은 오만함을 나타낸다.

| 머리를 긁을 때

머리에 이나 비듬이 있는 경우가 아닌 한 머리를 긁적인다는 것은 당황하거나 확신이 없다는 의미다.

내가 만든 노래를 음반제작자와 작업하고 있을 때였다. 갑자기 제작자가 머리를 심하게 긁적였다. "노래의 끝부분이 마음에 들지 않는가 보군요?"라고 물으니, 그는 "그래요. 끝부분을 좀 바꾸면 좋겠습니다."라고 대답했다. 나는 그가 머리를 긁적이는 모습을 보고 당혹스러워한다는 것을 눈치 챈 것이고, 그는 노래의 끝부분을 바꾸고 싶은데도 그 이야기를 하면 내 기분이 상할까 봐 두려워했던 것이다.

또 다른 예를 들어보자. 어떤 질문을 했을 때 상대방이 머리를 긁적인다면 질문의 뜻이 잘 이해되지 않거나 어떻게 대답해야 할지 몰라 망설이고 있다는 의미다. 따라서 정확히 이해할 수 있도록 말을 바꿔서 물어보는 것이 좋다. 같은 내용의 질문을 다른 방식으로 다시 한번 물어보는 동안 상대는 적절한 대답을 생각할 시간적 여유를 갖게 된다.

| 어깨를 으쓱할 때

어깨를 으쓱하는 것은 진실을 말하지 않거나 무관심하다는 의미다. "모르겠는데요.", "글쎄요." 또는 "당신을 믿지 못하겠는데요."라는 무언의 의사표현인 것이다.

거짓말을 하는 사람은 재빨리 어깨를 으쓱한다. 이 경우에는 무관심한 것과는 전혀 다른 "나는 사실을 말하고 있지 않다."는 의미다. 재빨리 어깨를 으쓱하는 것은 멋있고 침착하게 보이려는 무의식적인 시도지만 사실은 그렇지 않다.

어깨를 올린 자세를 그대로 유지하면 "악의가 없다."는 뜻이다. 마릴린 먼로는 이 몸짓을 통해 섹시함과 친근함을 표현했다.

감정을 나타내는 자세

자세는 자기 자신과 다른 사람에 대한 감정을 나타낸다. 자신 있는 사람은 등을 똑바로 펴고 어깨를 뒤로 쭉 뻗은 채 고개를 똑바로 들고 엉덩이를 당긴다. 이들은 편안하고 자연스럽게 서며, 양발에 똑같은 무게를 싣고 선다. 앉을 때도 팔짱을 끼거나 다리를 꼬지 않고 편안한 자세를 취한다.

자신감 있는 자세를 취하는 사람은 비즈니스에서나 일상생활에서나 늘 편안하다. 자신이 말하려는 요지를 정확하게 설명하기 위해 손과 팔을 적극적으로 이용한다. 또한 상대방에게 관심을 갖고 자신보다 상대방의 행동을 더 많이 신경 쓴다. 이들의 솔직하고 자연스러운 자세를 보고 있으면 누구나 기분이 좋아질 것이다.

다음은 부정적인 의미를 전달하는 자세들이다.

| 구부정한 자세

슬프면 몸이 구부정해지는 경향이 있다. 축 처진 어깨는 자신감 부족이나 절망감을 나타낸다. 계속해서 구부정한 자세를 취하는 사람은 힘든 상황이나 인생에서 도망치고 싶어 하며, 상대방의 이야기에 관심이 없다. 또한 난관에 정면으로 맞서기보다는 도망가기 바쁘다.

일반적으로 어깨를 움츠리고 구부정한 자세를 취하는 사람은 가슴 부위가 약할 것이다. 내장이 약하기 때문에 목소리도 힘이 없다.

| 몸을 앞으로 내미는 자세

목을 길게 빼고 몸을 앞으로 내미는 사람은 화가 난 것이 틀림없다. 턱을 앞으로 내밀고 주먹을 꽉 쥐며 온몸의 근육을 팽팽하게 긴장시키는 싸울 듯한 자세를 취한다. 몸을 앞으로 하고 서둘러 급히 걸어가는 사람 또한 화가 난 상태임을 알 수 있다.

| 경직된 자세

군인처럼 뻣뻣한 자세를 취하는 사람은 생각도 경직되어 있어서 결정을 내리거나 자기 의견을 말할 때 유연하지 못하고 융통성이 없다. 또한 매사를 흑백논리로 판단하며 자신만 옳다고 아집을 부리는 등 권위주의적인 태도를 취한다.

"나는 너보다 낫다."라는 식의 오만한 태도를 자주 보이며, 고개를 빳빳이 들고 남을 무시한다. 단정하고 질서정연한 것을 좋아하며 익숙한 틀에서 벗어나면 어쩔 줄 몰라 한다.

| 손동작과 발동작이 보여주는 자세

현재 상황에 대해 판단을 내리지 못한 사람은 서 있을 때 손을 깍지 낀다. 앉아 있을 때는 무릎에 손을 가지런히 놓고 다리를 꼰다.

| 일관성이 없는 자세

지루하거나 무관심하면 상대방에게 고개를 돌리다가 결국에는 몸까지 돌려버린다. 몸을 앞으로 내밀었다가도 자주 몸을 뒤로 젖힌다. 앉아 있을 때는 다리를 뒤로 뺐다가 앞으로 쭉 내밀기도 하며 상체를 좀 더 곧추세운다.

감정을 나타내는 팔동작

팔은 그 사람의 감정상태에 대해 많은 것을 말해준다. 다음의 여러 가지 팔동작에 대한 설명을 보면, 그에 대한 의미를 파악할 수 있을 것이다.

| 팔짱을 꼈을 때

불편하거나 자기 자신을 보호하고 싶을 때 팔짱을 낀다. 상대방에게 마음의 문을 닫고 있다는 의미이기도 하다.

불안감을 느끼는 사람은 대체로 몸을 움츠리려고 한다. 추워서 몸을 움츠리는 게 아니라면 이것은 상대방이 무슨 말을 하든 자기 입장을 고수하겠다는 표시다.

불안하거나 긴장했을 때도 이런 행동이 나온다. 팔짱을 낀다는 것은 무언가를 숨기고 있다는 뜻이다. 이와 다른 의미로는 가슴이 크거나 자기 몸에 불만이 있는 여성들이 팔짱을 끼는 경우가 있다.

| 손을 허리에 대고 팔꿈치를 옆으로 벌릴 때

손을 허리에 얹고 팔꿈치를 옆으로 벌리는 자세는 "가까이 오지 마." 혹은 "쓸데없이 참견하지 마."라는 의미다. 즉, '거부의 자세'로 강한 자신감과 독립심을 나타낸다.

| 뒷짐 질 때

뒷짐 진 자세는 솔직함을 나타낸다. 이러한 자세를 취하는 사람들은 굳이 자신을 보호할 필요가 없다는 신호를 보내는 것이다. 영국 왕족들은 국민을 만날 때 상체를 곧추세우고 편안하게 뒷짐을 지는 자세를 취했다.

이 자세의 또 다른 의미는 자신감이다. 군인들은 "열중쉬어."라는 명령을 받았을 때 뒷짐 지는 자세를 취함으로써 편안하고 숨길 것이 없음을 나타낸다.

감정을 나타내는 손동작

손동작은 감정상태에 대해 많은 것을 알려준다. 다음은 여러 손동작의 의미다.

| 손을 숨길 때

주머니에 손을 꽂는 것처럼 손을 숨긴 채 말하는 사람은 중요한 정보를 감추고 있는 것이다. 언젠가 한 행사에서 오랜만에 친구 마티를 만났다. 그에게 아내 지니가 잘 지내고 있는지 묻자, 마티는 손을 주머니에 꽂은 채로 "그럼, 잘 지내지."라고 말했다. 그리고 며칠 후, 나는 마티 부부가 이혼 수속 중이라는 소식을 전해 들었다.

| 주먹을 쥘 때

주먹을 쥔 손은 자신의 감정을 표현하지 않겠다는 의미이며, 주먹을 쥔 채 말하는 것은 몹시 화가 났거나 심기가 불편하다는 뜻이다. 엄지손가락을 안으로 집어넣고 주먹을 쥐면 두려워하거나 걱정이 있다는 것이다. 엄지를 겉으로 내놓고 주먹을 쥐면 팔짱 끼는 자세처럼 방어적인 것이다.

말할 때 검지를 내밀거나 손을 갑자기 움직이면 화가 나 있다는 의미다.

| 손을 제대로 못 부릴 때

솔직하지 않은 사람은 손을 포개거나 주머니에 넣는 등 좀처럼 손을 움직이지 않는다. 말할 때 손을 얼마나 세게 깍지 끼고 있는지 관찰해보라. 깍지 낀 정도가 심할수록 더 많이 긴장하고 있다는 것을 의미한다.

반면 의자 같은 것을 붙잡고 있다면 현실 감각을 잃지 않으려고 노력한다는 뜻이다. 자기 몸을 붙잡는 것은 긴장하거나 불안해서 마음을 가라앉히려는 것이며, 이는 거짓말을 하거나 강렬한 감정을 피하려 하는 것이기도 하다.

| 손바닥을 보일 때

솔직한 사람은 손바닥을 보이고 손가락을 길게 뻗는다. 이 손동작은 솔직함과 더불어 상대방에 대한 관심의 표현이다. 상대방을 인정하고 그의 생각을 수용하겠다는 뜻이다. 반대로 손등을 보이는 사람은 대부분 솔직하지 않고 폐쇄적이다.

| 손과 팔을 많이 저을 때

자신의 믿음을 강하게 표현하는 사람들은 손과 팔을 저으면서 열정을 드러낸다. 반면에 강한 불신이 생겼을 때는 손과 팔을 많이 움직이지 않는다.

| 엄지손가락을 곧게 세울 때

엄지손가락을 위로 꼿꼿이 세운 채 나머지 손가락을 죽 펴거나 주먹을 쥐는 것은 좀처럼 자신의 입장을 굽히지 않겠다는 뜻이다. 이런 사람을 설득하기는 쉽지 않다.

| 손가락으로 바닥을 톡톡 칠 때

책상이나 테이블 위를 손가락으로 톡톡 두드리는 것은 초조하거나 불안하다는 의미다. 목걸이나 장신구를 만지작거리거나 머리카락을 만지는 행동도 마찬가지다. 불안하기 때문에 무언가를 만지면서 마음을 달래려는 것이다.

손톱을 물어뜯거나 손가락을 꺾으며 안절부절못하는 것 또한 불안감을 나타낸다. 부담감을 느낄 때도 이러한 무의식적인 행동을 취하며, 이는 화가 나거나 불만이 있다는 신호이기도 하다.

| 엄지손가락을 빙빙 돌릴 때

초조하거나 따분하면 양쪽 네 손가락을 깍지 끼고 좌우 엄지손가락을 빙빙 돌린다. 이것은 지루함을 달래려는 행동이다.

| 머리 뒤로 손을 깍지 낄 때

마음이 편안하면 손도 편안하다. 손동작은 강하고 신중하지만 기계적이지 않고 자연스럽다. 손을 머리 뒤로 깍지 낀 채 팔꿈치를 옆으로 벌리는 사람은 안정감과 편안함, 자연스러움을 보여준다.

| 손가락 끝을 맞대어 뾰족하게 만들 때

자신 있는 사람은 자신감을 나타내는 다양한 손동작을 보여준다. 양손의 손가락 끝을 맞대어 뾰족하게 만드는 손동작은 교사, 목사, 정치가, 법률가, 그 밖에 정보를 퍼뜨리는 사람들이 자주 보여주는 자신감 있는 몸짓이다. 협상하는 사람들도 이런 동작을 취한다.

감정을 나타내는 신체접촉

인류학자 애슐리 몬터규가 자신의 저서 〈접촉(Touching)〉에서 지적한 것처럼, 누구나 신체접촉을 원한다. 등이나 어깨, 팔, 손에 닿는 가벼운 손길은 따뜻한 정서적 격려를 전달한다. 말할 때 상대방을 만지면 주장하고 싶은 요점에 상대방의 관심을 끌 수 있다.

반면 지나친 신체접촉은 질투와 지배욕을 나타내며, 이것은 거부감과 적대감을 유발한다. 또 사랑과 인정을 받고 싶다는 강렬한 욕구 때문에 상대방을 많이 만지는 사람도 있다.

| 자기 몸을 만지는 사람

얼굴을 자주 만지는 사람은 진실을 말하지 않는다. 마음이 불안하고 솔직하지 않기 때문이다. 거짓말을 하자마자 입이나 눈에 손을 대는 사람은 자신과 상대방 사이에 벽을 쌓는 것이다.

감기나 알레르기 때문이 아닌 한, 코를 잡거나 쥔다는 것은 그 상황이 불편하다는 뜻이다. 누군가에게 무엇을 부탁했을 때, 그가 알았다고 대답하기 직전에 코에 손을 대면 별로 내키지 않는다는 뜻이다. 어떤 말을 하고 나서 입을 만지거나 가리는 것도 마찬가지다.

눈을 문지르는 것은 이제 됐으니 그만하라는 신호다. 목덜미를 비빈다는 것은 불쾌하다는 뜻이다.

┃접촉을 꺼리는 사람

신체접촉을 꺼리는 사람은 자신감이 없으며 경직되고 불안한 사람이다. 신경과민 증상이 있고 상대방을 두려워하는 경우가 많다. 따라서 상대방을 불편하게 여기기 때문에 보통 혼자 있기를 좋아하는 경향이 있다. 간혹 어린 시절 정신적 혹은 육체적 학대를 당한 경험으로 인해 신체접촉을 꺼리는 사람도 있다.

| 과도하게 접촉하는 사람

아플 만큼 상대방을 꽉 잡는 사람은 상대방에 대한 경쟁심이나 내면의 분노를 표출하는 것이다. 이 경우 그들의 손길이 불쾌하고 달갑지 않다고 똑바로 말해야 한다. 이들과 거리를 두는 것이 좋다.

| 악수

악수하는 모습을 보면 많은 것을 알 수 있다. 편안하면서도 손을 힘 있게 쥐면서 악수하는 사람은 자신감에 차 있으며 솔직하고 숨길 것이 없다는 표시다. 손을 세게 쥐는 악수는 강한 성격을, 약하게 쥐는 악수는 심약한 성격을 드러낸다. 손끝만 잡거나 힘없고 서투르게 악수하는 사람은 상대방과 가까워지고 싶은 뜻이 없음을 의미한다.

여자와 악수를 어떻게 해야 할지 모르는 남자들이 많다. 신사답게 보이려고 조심스럽게 악수를 하는 이들은 용기가 없다는 뜻이다. 반대로 고통스러울 정도로 힘을 주어 악수하는 사람은 공격적이고 적대적이며 지배적인 성향의 사람이라는 의미이니 주의하기 바란다.

감정을 나타내는 발과 다리 동작

손이나 팔처럼 발과 다리의 자세로도 많은 것을 알 수 있다. 발은 정직한 신체부위로 그 사람의 감정과 생각을 적나라하게 보여준다. 표정, 자세, 손동작은 어느 정도 통제할 수 있지만 발을 통제하기란 대단히 어려운 일이다.

| 발을 가지런히 모을 때

발을 가지런히 붙이고 발바닥을 땅에 붙인 채 상대방을 정면으로 쳐다보는 사람은 대부분 솔직하고 균형 잡혀 있다.

반대로 발 바깥쪽이나 뒤꿈치로만 서 있는 사람은 비열하고 솔직하지 못할 확률이 높다.

| 발을 흔들 때

초조하거나 따분할 때 발을 흔들거나 땅바닥을 툭툭 치며 "여기 있고 싶지 않다."는 뜻을 내비친다.

| 다리를 꼴 때

다리를 꼬는 행동은 초조하거나 불편하다는 무의식적 신호다. 상체가 편안하다 해도 이런 자세를 하고 있으면 초조하다는 뜻이다. 단, 한쪽 무릎을 다른 쪽 무릎과 나란히 하고 다리를 꼰다면 남녀 모두 자신 있는 사람임을 의미한다.

| 다리를 엇갈리게 꼴 때

한쪽 다리를 다른 쪽 다리와 엇갈리게 꼬고 있는 사람은 자신감이 없거나 거짓말을 하고 있을 확률이 높다.

| 발목끼리 꼴 때

무언가를 숨기고 싶은 사람은 한쪽 발목에 다른 쪽 발목을 얹어 교차시키는 경향이 있다. 이 몸짓은 긴장감을 나타낸다. 화장실에 가고 싶은 것을 참을 때도 이렇게 행동한다. 비행기가 이륙할 때 초조하거나 불안한 승객들도 흔히 이런 행동을 취한다.

| 다리를 벌리고 앉을 때

다리를 벌리고 앉는 것은 솔직함과 자신감을 나타낸다.

치마를 입은 여성의 경우 다리를 가지런히 모으고 무릎을 붙인다면 솔직하고 자신 있다는 의미다. 무릎을 맞붙이고 양발을 땅에 붙인 채 발끝이 상대방 쪽으로 향하는 것 역시 솔직하고 정직한 특성을 보여준다.

| 상체와 다리가 방향이 다를 때

머리와 상체는 상대방을 향하고 있지만 발과 다리가 다른 방향을 가리키고 있다면 그 자리를 뜨고 싶거나 어쩔 수 없이 대화에 응하고 있다는 뜻이다. 즉, 말 그대로 도망치기 위해 다리가 문 쪽으로 돌아가는 것이다.

허벅지를 두드리는 것 역시 자리를 뜨고 싶다는 의미다.

| 종아리를 겹치고 앉을 때

종아리 부분이 겹쳐지게 앉는 사람은 독립적이고 자유분방하며 격식을 싫어하는 사람이다. 이런 유형은 상대방의 생각을 개의치 않는다.

| 상대방을 향해 다리를 길게 뻗을 때

다리를 꼬든 그렇지 않든 간에 상대방을 향해 다리를 길게 뻗는 사람은 상대방을 지배하려는 성향이 강하다. 이들은 고집이 세고 상대방을 괴롭히기도 한다. 또한 상대방의 주목을 받으려고 자기중심적인 행동을 보이기도 한다.

| 짝다리를 짚고 서 있을 때

짝다리를 짚고 서 있는 행동은 대부분 습관일 수 있다. 자기 모습이 상대방에게 어떻게 비칠지 인식하지 못한 채 기계적으로 이런 자세를 취하는 것이지만, 이러한 자세로 인해 산만한 사람으로 오해를 살 수 있다.

이런 자세를 취하는 사람들은 때때로 상대방의 말보다 자기 기분에 더 신경을 쓰곤 한다. 또한 상대방의 기분을 상하게 함으로써 신뢰를 얻지 못한다.

감정을 나타내는 걸음걸이

멀리서 걸어오는 모습만 봐도 누군지 알아볼 수 있을 만큼 독특한 걸음걸이를 가진 사람들이 있다. 이번에는 걸음걸이가 보여주는 감정상태를 살펴보도록 하자.

| 땅을 보고 걸을 때

기분이 울적하고 의기소침하면 고개를 숙이고 어깨를 축 늘어뜨리며 앞을 보지 않고 땅을 바라보며 힘없이 걷는다.

| 고개를 치켜들고 걸을 때

자기가 남보다 우월하다고 생각하는 사람들은 가슴을 내밀고 다리를 뻣뻣하게 내딛으며 고개를 치켜들고 어색할 정도로 팔을 크게 흔들며 걷는다. 또한 이들은 모두가 자신을 바라보고 있다고 생각하기 때문에 다른 사람을 거의 쳐다보지 않는다.

| 발끝으로 걸을 때

소심하거나 다른 사람의 기분을 많이 의식하는 사람은 발끝으로 걷는 경향이 있다. 작은 보폭으로 조용히 걷기 때문에 아무도 그 존재를 눈치채지 못한다. 이런 사람들은 남들 앞에 잘 나서지 않는다.

| 뻣뻣하게 걸을 때

완고하고 엄격한 사람은 그 성격처럼 걸음걸이도 뻣뻣하다. 짧은 보폭으로 빠르게 걸으면서 기계적으로 팔을 뻗는다.

| 탄력적으로 걸을 때

자신감이 있는 사람은 탄력적이고 활발하게 걷는다. 걸을 때 사람들을 쳐다보고 자주 미소를 짓는다. 고개를 똑바로 하고 가볍고 자연스럽게 팔을 흔든다.

감정을 나타내는 옷차림

자세와 몸짓 외에도 그 사람의 옷차림을 보면 많은 것을 알 수 있다.

| 유행에 뒤처진 옷을 입었을 때

유행에 뒤처지거나 낡은 옷 또는 몸에 맞지 않는 옷을 입은 사람은 새 옷을 살 돈이 없거나 세상의 흐름을 따라가지 못하고 자기 자신을 아끼지 않는 유형이다.

| 지저분한 옷을 입었을 때

옷차림이 단정치 못하고 옷에 얼룩이 졌거나 냄새가 나는 사람은 자존심이 낮거나 인간관계가 협소한 사람이다.

| 최신 유행 옷을 입었을 때

최신 유행 옷을 입거나 유행에 민감한 사람은 상대방의 생각에 신경을 많이 쓴다. 상대방의 기준에 자신을 맞추려는 욕구가 강하고, 유행하는 옷으로 자신을 가리지 않으면 불안해한다.

| 섹시한 옷을 입었을 때

섹시하고 노출이 심한 옷을 입는 사람은 주목받기를 좋아하는 유형이다. 시선을 끌기 위해 노력하는 영화배우들의 의상이 그렇다. 도발적인 의상일수록 시선을 더 잡아끌기 때문이다. 성적 관심을 받고 싶어서 노출이 심한 옷을 입는 것은 상관없지만, 평상시에도 노출이 심한 의상을 즐겨 입는 사람들은 대개 정서적으로 불안정한 경우가 많다.

| 튀는 옷을 입었을 때

현란한 색과 요란한 장신구를 걸치는 사람들 역시 불안정한 경향이 있고, 상대방의 시선을 끌고자 하는 욕구가 강하다. 단, 밝은 색상의 옷은 행복하고 낙천적이며 기분이 좋다는 것을 보여주기 때문에 긍정적인 의미를 담고 있다. 또한 밝은 색상은 창조성을 암시하기도 한다.

| 수수한 옷을 입었을 때

얌전한 색깔의 수수한 옷을 입는 사람들은 문제를 일으키려고 하지 않는다. 대부분 소심하고 수줍음이 많으며 남의 눈에 띄는 걸 싫어한다.

| 지나치게 단정하게 옷을 입었을 때

주름을 빳빳하게 세운 바지, 단추를 끝까지 채운 셔츠 등 보기에 답답할 정도로 단정하게 입는 사람은 규칙을 좋아하고 보수적인 유형이다. 엄격하고 융통성이 없을 가능성이 높다. 이들은 청바지는 물론 속옷까지 다려 입을 사람들이다. 모든 것이 깔끔하게 정돈되어 있지 않으면 불안해한다.

| 분위기에 맞지 않는 옷을 입었을 때

특별한 행사에 어울리지 않는 옷을 입는 사람은 일반적인 사회 규범에 따르지 않는 반항아이며 눈에 띄기를 좋아한다. 정장에 운동화를 신거나 직장에 야한 옷을 입고 출근하는 여성이 이런 부류에 해당한다.

분위기에 맞지 않는 옷을 입는 사람들은 상황을 관리하려는 욕구뿐 아니라 호전성과 적개심을 가지고 있다.

| 우아하면서 세련된 옷을 입었을 때

세련되고 우아하며 단정하게 옷을 입는 사람은 협동적이고 개방적이다. 다른 사람을 존중하고 현재 상황에 충실하다. 이들은 개성과 세련된 패션 감각을 보여주는 액세서리를 착용하기도 한다. 이는 건강하고 긍정적인 자부심의 표현이다. 자신의 옷이나 액세서리를 화제로 사람들을 대화에 끌어들이기도 한다.

감정을 나타내는 청결도

청결도를 보면 그 사람의 성격을 알 수 있다.

| 청결의 정도

청결하지 못한 사람은 자부심이 낮다. 남이 자신을 어떻게 생각하는지 크게 신경 쓰지 않는다. 이들은 대부분 자기만의 세계에 살고 있으며, 자신이 청결하지 않다는 것을 인식하지 못하는 경우가 많다. 반대로 청결한 사람은 자부심이 높다.

| 머리 손질의 정도

가발을 쓰거나 머리를 옆으로 빗어 넘긴 남자는 자신감이 없고 솔직하지 못하다. 무언가를 숨기거나 좀처럼 마음을 열지 않는다. 마찬가지로 헤어스타일을 자주 바꾸거나 염색을 자주 하는 사람은 스스로 불만이 많고 자신의 정체성을 찾으려고 노력하는 사람들이다. 이들 역시 정서적으로 불안한 면이 있다.

튀는 염색이나 튀는 헤어스타일을 한 사람들은 남녀를 막론하고 자신을 봐 달라고 외치는 사람들이다.

| 손톱 손질의 정도

아무 일도 못할 만큼 손톱이 긴 여성은 남의 시선을 갈망하는 것이다. 반대로, 속살이 드러날 만큼 손톱을 물어뜯는 사람은 대부분 근심이 많고 불안정한 타입이며 일종의 자해 성향을 갖고 있다. 또한 자기 자신에 대한 분노나 적개심을 보이기도 한다.

| 치장의 정도

몸가짐이 단정하다는 것은 자신을 사랑한다는 뜻이다. 하지만 항상 머리카락 한 올 흐트러짐 없이 신경 쓰는 사람은 완고하고 융통성이 없으며 늘 불안해하는 유형이다. 따라서 수시로 화장을 고치는 것은 여성의 불안감을 반영한다. 반대로 화장을 전혀 하지 않는 여성은 외모에 관심이 없거나 가식 없고 솔직한 유형이다.

4

말투

읽기

한 사람의 말투를 정확하게 분석하기 위해서는 말투의 19가지 요소를 알아야 한다.

1. 말하는 톤이 너무 높다.

2. 들리지 않을 만큼 작게 말한다.

3. 말소리가 떨린다.

4. 말소리가 너무 크다.

5. 지나칠 정도로 흥분하며 말한다.

6. 말이 너무 빠르다.

7. 화난 사람처럼 말한다.

8. 뚝뚝 끊어서 말한다.

9. 공격적으로 말한다.

10. 말끝을 흐려서 거의 들리지 않는다.

11. 입을 크게 벌린 채 콧소리를 낸다.

12. 입을 다문 채 콧소리를 낸다.

13. 말투가 귀에 거슬리고 짜증 난다.

14. 말투가 지루하고 따분하게 들린다.

15. 지나칠 만큼 달콤하게 말한다.

16. 말끝을 올린다.

17. 신중하고 천천히 발음한다.

18. 어색할 만큼 섹시하게 말한다.

19. 목소리가 깊고 풍부하며 열성적이다.

말투는 영혼의 거울이다

의사가 피 한 방울로 몸 상태를 알 수 있는 것처럼, 말투만으로 심리상태를 파악할 수 있다. 말투는 자기 자신과 주변 상황에 대한 감정을 보여준다.

생각과 감정은 언어뿐 아니라 말투를 통해서도 전달된다. 따라서 사람들의 성격을 정확하게 평가하기 위해서는 말투를 분석하는 것이 필수적이다.

말투는 마음과 정신상태, 상대방에 대한 느낌을 드러낸다. 프레드가 시큰둥하게 "다음에 전화할게요."라고 말했을 때, 로잔느는 다시는 그와 전화할 일이 없을 것임을 깨달았고, 그녀의 느낌은 정확했다.

전화를 하다 보면 상대방의 말투로 분위기를 느끼곤 하는데 그것은 바로 억양 때문이다. 사람들이 잘 눈치채지 못하는 미묘한 차이가 크고 선명하게 느껴지는 것이다.

우리의 머리와 마음속에 있는 생각과 느낌은 대부분 말투에 반영된다. 말투에서 느껴지는 미묘한 분위기를 읽을 수 있다면 인간관계에서 좀 더 유리한 입장을 차지할 수 있다. 예를 들어 어떤 사람의 말투에서 그가 기분이 나쁘다는 것이 느껴졌다면, 조금 양보하고 좀 더 친절하게 말하거나 무슨 일이 있느냐고 물어봄으로써 그 사람의 마음을 열 수 있다. 이렇듯 말투로 감정상태를 파악해 대화의 통로를 열어나갈 수 있다.

사람들의 말투를 분석하기 전에 우선 인간의 의사소통 능력이 어떻게 진화되었는지를 살펴보자.

말투는 거짓말을 하지 않는다

말투는 마음속의 생각과 감정이 나오는 통로다. 사람의 말투는 감정과 관련된 두뇌 부위와 연결되어 있기 때문에 어떤 감정이 일어났을 때 마음속에서부터 우러나오는 자신의 소리를 감추기는 어려운 일이다. 이렇듯 말투와 감정은 밀접하게 연결되어 있어서 불행한 사람은 무기력하거나 생기 없이 말하는 반면, 행복한 사람은 생기 있고 경쾌하게 말한다.

고대 그리스 철학자에서부터 주요 종교와 프로이트의 저술에 이르기까지 사람의 내면의 생각이 말투에 드러난다는 주장이 많이 제기되어 왔다. 말투와 성격의 상관관계를 연구한 여러 학자들이 이러한 주장을 증명한 바 있으며, 많은 연구논문에서는 말투로 사람들의 성격과 의식을 추론할 수 있다고 보았다.

나는 미네소타 대학에서의 박사학위 논문《구강 및 안면이상 환자들의 외모가 언어에 미치는 영향》에서, 말투가 외모에 미치는 영향에 대해 이야기한 바 있다. 언어장애인들은 그들의 언어장애로 인해 다른 사람들에게 부정적인 이미지로 비치거나 사회에서 인정받지 못하는 경우가 많았다.

잘생긴 외모에 끌렸다가 그가 입을 여는 순간 환상이 깨졌던 경험이 있는가? 좋든 싫든 말투가 좋지 않으면 다소 맥이 빠지게 된다. 사람들은 신경생리학적으로 소리에 본능적으로 반응하기 때문이다. 한 연구에서는 말을 더듬는 사람은 그들의 외모와 상관없이 다른 사람들에게 부정적으로 인식된다는 결과가 나왔다. 마찬가지로 얼굴이 못생겼을 때는 콧소리가 더 크게 인식되었다.

못생겼지만 말투가 멋진 사람과 잘생겼지만 말투가 듣기 거북한 사람 중 누가 더 매력적으로 느껴질까. 대개 사람들은 못생겼어도 말투가 멋진 사람을 훨씬 매력적으로 인식하는 것으로 나타났다. 외모를 평가할 때 언어장애가 큰 문제가 되지는 않지만, 외모가 뛰어나더라도 말투가 좋지 않으면 덜 매력적으로 느낀다고 한다.

또한 목소리가 큰 사람은 다소 오만한 인상을 주는 데 반해 목소리가 맑게 울리는 사람은 지적으로 보이고 매력적으로 느껴지며, 믿음직하고 친절한 인상을 준다. 이들은 연애 및 결혼 상대자로 인기가 높은 편이며 직장 생활도 성공적인 편이다.

대부분의 사람들은 상대방을 관찰하는 것만으로 그들의 감정상태를 60~65% 정도 파악할 수 있는데, 상대방의 말투에 귀를 기울이면 그 확률은 더욱 높아진다. 간혹 말투에서 감정이 느껴지지 않는 경우도 있지만 사람들의 말투에는 그들을 재빠르게 파악할 수 있는 결정적인 특징이 반드시 존재하기 마련이다.

예외적인 경우

성격이나 심리상태와 관계없이 독특한 패턴의 말투를 쓰는 사람들이 있다. 이것은 학습이 되었거나 유전적으로 물려받은 것이다. 예를 들어 좋지 않은 역할모델과 습관 때문에 나쁜 말투를 갖게 된 사람도 있다. 부모가 아이에게 큰 소리로 말하고 모질게 소리쳤다면, 아이도 친구나 애완동물에게 똑같이 소리칠 것이다. 한편, 청각적/음성적 문제 때문에 크게 말할 수밖에 없는 경우도 있다.

성격이나 심리상태와 관계없이 독특한 말투를 사용하는 예외적인 경우를 나열해 보았다. 예외적인 경우를 알고 있다면 상대방을 보다 잘 이해할 수 있다.

│ 신경질환인 경우

배우 캐서린 헵번은 신경질환으로 인해 목소리가 떨렸고, 무하마드 알리는 파킨슨병으로 인해 말이 느리고 발음이 부정확하며 목소리가 작아졌다. 이처럼 질병으로 인해 말투의 변화가 일어날 수 있다. 중풍이나 그 밖의 신경질환을 앓는 사람들은 호흡기관과 발성기관을 조절하기 어렵기 때문에 크게 말하다가 갑자기 잘 들리지 않을 정도로 말끝을 흐리기도 한다. 말을 더듬는 것도 신경질환 때문일 수 있다.

| 턱이 기형인 경우

턱의 기형이나 부정교합 등의 원인으로 혀의 위치가 바르지 못해 침을 삼키기 어려운 탓에 발음이 부정확할 수 있다.

| 청각장애인 경우

청각장애 때문에 특정 발음이 부정확할 수 있다. 마찬가지로 독특한 억양이나 사투리 때문일 수도 있고, 또 다른 원인 때문일 수도 있다.

목소리가 작은 것 역시 청각문제 때문일 수 있다. 반대로 지나치게 크게 말하는 것은 중이에 귀지나 분비물 등이 쌓여 소리가 들리지 않기 때문일 수 있다.

| 치아와 구강 문제의 경우

자신의 치아 모양과 상태를 의식해서 입을 충분히 벌리지 않기 때문에 웅얼거리거나 콧소리를 낼 수 있다. 또 입술갈림증 때문에 말할 때 인두와 연구개가 닿지 않아 콧소리를 내는 경우도 있다.

| 지역적, 문화적 차이인 경우

목소리가 큰 것은 문화적 현상 때문일 수 있다. 중국인들이 중국어의 억양으로 영어를 말할 때 비록 작게 말하더라도 서양인들에게는 크고 공격적으로 들리는 경향이 있다. 목소리가 작은 것도 문화적 현상일 수 있다. 일본은 해양 국가이기 때문에 모든 소리가 공기 중으로 잘 울려퍼져서 사람들이 조용조용 말해도 잘 들린다. 이런 이유로 일본 남자들은 작게 말하는 여성들을 좋아한다. 반면에 대륙성이 짙은 서양인들은 목소리가 작은 여자들을 싫어한다.

| 해부학적, 생리적, 병리적 문제인 경우

종기나 암 등 성대 문제 때문에 쉰 목소리가 나올 수 있다. 또 과도한 음주 및 흡연 탓일 수도 있다. 말을 할 때 고통스럽고 불편하기 때문에 발성기관을 조이고 목소리가 떨리는 것이다.

호흡문제 때문에 쉰 목소리가 나올 수도 있다. 천식, 기관지염, 혹은 폐기능장애가 있는 사람은 말을 할 때 공기의 흐름을 조절하기 어렵다. 이들은 말을 할 때 숨을 얕게 쉰다. 쉰 목소리는 상대방을 불편하게 만들지만 그것을 고치기란 쉽지 않다. 말끝을 흐리거나 빨리 말하는 것도 호흡기관 때문일 수 있다.

목이나 코에 문제가 있는 사람들은 기침을 자주 한다. 이런 사람들은 가능한 한 빨리 많은 정보를 전달하려고 하기 때문에 말이 빨라진다. 또한 음성기관이 작거나 기형, 혹은 후두에 심각한 문제가 있을 때는 목소리 톤이 높아진다.

발성 관련 근육이 지나치게 긴장되고 경련성 언어장애가 있는 사람들은 말하기를 어려워하고 호흡이 고르지 않은 경우가 대부분이다.

| 약물을 복용하는 경우

마약과 같은 약물을 복용하는 사람들은 호흡기관과 발성기관이 제대로 조절되지 않기 때문에 갑자기 목소리가 떨리거나 커진다. 마약이나 신경안정제를 복용하는 사람들은 말이 느리거나 말하기 전에 잠시 머뭇거리는 경향이 있다. 그것은 기억력이 짧다는 의미다. 특정 간질병 약을 복용하면 기억력이 감퇴할 뿐 아니라 떨리고 불안정한 목소리를 낼 수도 있다.

진정제나 헤로인을 복용하면 말이 느려지고, 반대로 각성제와 코카인을 복용하면 말이 굉장히 빨라진다. 코카인 같은 마약을 복용하면 코에 심각한 손상이 나타나 공기가 빠져나가고, 그로 인해 콧소리가 나기도 한다. 그

밖에 계속 코를 훌쩍이거나 킁킁거리고 코를 푸는 것이 원인일 수도 있다.

말투를 통해 상대방의 성격이나 행동을 평가하기 전에 반드시 이처럼 예외적인 경우를 고려해야 한다. 다른 사람의 말투에서 그 사람이 어떤 스트레스나 막중한 부담감을 가지고 있는지를 생각해보고, 가능한 한 여러 상황에서 오랜 시간 상대방을 관찰하는 것이 가장 좋다.

말투 분석

말투에는 목소리, 말하는 속도, 말버릇, 말소리의 높낮이와 크기 및 진동, 발음, 분위기 등 사람을 파악할 수 있는 여러 포인트가 존재한다. 말이 너무 빠르다/느리다, 말끝을 올린다/흐린다, 말소리가 크다/작다, 목소리가 탁하다/맑다, 말소리가 떨린다, 귀에 거슬린다, 짜증스럽다, 콧소리를 낸다, 숨이 가쁘다, 경박하다/고상하다 등 말투에서 알 수 있는 여러 단서들을 알아보자.

| 깊고 풍부한 음성으로 자신감 있게 말할 때

남녀를 막론하고 깊고 풍부한 음성은 매력적으로 느껴진다. 이러한 음성은 세련되고 섹시하며 정서적인 안정감을 준다.

깊고 풍부한 음성에 생기 있고 활력이 넘치는 자신감 있는 말투가 더해지면 사람들의 관심을 끌기에 충분하다. 이들은 자신감 넘치는 말투로 사랑과 분노, 기쁨과 열정, 슬픔, 공포와 의심 등 다양한 감정을 표현하는 것은 물론 그 말투로 인해 자신감을 얻음으로써 자기 자신에게서 최고의 능력을 끌어낸다.

또한 자신감 넘치는 말투로 상대방에게도 자신감을 심어주어 신뢰를 얻어 자석처럼 주위 사람들을 끌어당긴다. 이들은 믿음직스럽고 지적인 사람으로 평가받으며 호감을 산다.

영화배우 리처드 버튼은 깊고 풍부한 음성과 자신감 넘치는 말투 덕에 광고주들의 인기를 한몸에 받았다. 그는 믿음직한 사람으로 평가받으면서 자신의 매력을 한껏 발산할 수 있었다.

| 지나치게 높게 말할 때

남녀를 불문하고 화가 나거나 자신감이 없으면 발성근육이 긴장되기 때문에 목소리 톤이 높아진다. 화가 날 때 목소리 톤이 높아진다는 사실은 이미 여러 차례 입증된 바 있다. 따라서 어떤 사람이 계속해서 높은 목소리

톤으로 말한다면 그 사람은 감정조절 능력이 부족하고, 풀리지 않는 분노, 마음의 격분, 혹은 공포 상태에 있음을 알 수 있다.

수년간 나는 수천 명의 내담자와 이 문제를 해결하기 위해 노력했다. 이러한 문제를 해결하기 위해서는 기계적인 훈련도 중요하지만 가장 중요한 것은 자신감을 기르는 것이다. 새로운 인생을 살고 싶을 때는 이러한 심리치료가 반드시 필요하다. 훈련과 심리치료를 병행한다면 목소리 톤이 지나치게 높다는 오명은 얼마든지 씻을 수 있다.

| 목소리를 깔 때

성대가 굵거나 발성기관이 넓은 사람들은 일반적으로 목소리가 낮다. 많은 사람이 저음을 매력적이라고 생각하지만 지나치게 낮은 목소리 톤은 억지로 꾸며 낸 듯한 인상을 주기도 한다.

남자들이 지나칠 정도로 목소리를 까는 경우가 있는데, 이들은 평소에는 낮게 말하다가 가끔씩 목소리 톤을 높이면 남자답고 진지하게 보이리라고 생각한다. 또한 목소리를 깔면 사람들이 좀 더 자기를 존중해주고 자기 말에 귀를 기울일 것이라고 여긴다.

여자친구의 권유로 내게 상담을 받은 한 남자가 있었다. 그는 상담을 꺼

렸지만 여자친구가 이미 상담비를 지불했기 때문에 어쩔 수 없이 약속대로 상담실을 찾았다. 그는 자신의 낮은 저음이 여자들을 흥분시킨다고 생각하고 있었는데, 사실 그의 여자친구가 상담을 의뢰한 이유는 그의 말투가 듣기에 불쾌하고 거만했기 때문이었다. 그녀는 그와 공공장소에서 데이트를 할 때면 그의 말투 때문에 다른 사람들의 시선이 집중돼 그와 함께 다니는 것이 창피했다. 하지만 그에게 사실대로 말할 수 없었기 때문에 내게 악역을 떠맡긴 것이었다.

나는 그와의 상담장면을 녹화해서 그에게 보여주며, 그가 자신의 말투에 대해 어떻게 느꼈는지 물었다. 그는 그제야 자신의 문제를 파악했고, 더는 목소리를 깔기 위해 애쓸 필요가 없다는 것을 깨달았다.

나는 그에게 적당한 목소리 톤을 찾는 방법을 가르쳐주면서 좀 더 자연스럽게 말하도록 유도하는 한편 자신감 개발 프로그램을 병행해 목소리를 한결 좋게 만들어주었다.

| 큰 소리로 말할 때

큰 소리로 말하는 사람들은 관심 끌기를 좋아하기 때문에 최대한 목소리를 크게 하는 경향이 있다. 이들은 거만하고 남을 배려할 줄 모르며 경쟁심이 강하고 적개심이 많다.

샌프란시스코 캘리포니아 대학의 매튜 맥케이 박사와 마르타 데이비스 박사에 따르면, 큰 소리로 말하는 사람은 그 거만한 태도에서 보여지듯 "내가 지휘자다. 내 말대로 하라."고 소리치는 것과 다름없다고 보았다.

이들은 큰 소리로 공격적으로 말하며 타인과 자기 자신에 대한 내적 공격성을 표현한다. 연구결과, 이들은 대가족에서 자라난 경우가 많았는데 그 속에서 자기 자신을 보호하고, 형제자매들 사이에서 자신의 말을 하기 위해서는 목소리를 높일 수밖에 없었기 때문인 것으로 보인다. 또한 이들은 대부분 정서적으로 불안정한 경우가 많다.

중이의 분비물이나 귀지 때문에 귀가 잘 들리지 않는 경우를 제외하고, 자신의 목소리 크기를 의식하지 못하는 사람은 거의 없다. 청각이 손실된 것이 아니라면 크게 말하는 사람은 화를 내고 있음이 틀림없다. 큰 목소리는 무의식적으로 특정 인물에 대한 불만의 표현일 수도 있다. 또한 불안감이 클수록 목소리가 더욱 커지기 마련이다.

| 지나치게 작게 말할 때

지나치게 작게 말하는 사람들은 주위의 이목을 끄는 경우가 많다. 좀 더 크게 말해 달라는 요구를 자주 듣기 때문이다. 작게 말하는 사람은 이렇게 관심 받는 것을 좋아하고, 자신의 말을 듣기 위해 상대방이 긴장하는 모습을 즐긴다. 똑같은 말을 다시 해 달라고 부탁하는 사람에게 오히려 화를 내고 그렇게 해서 우위를 차지하는 데 성공한다. 하지만 이들의 목소리를 크게 하는 법을 아는 사람도 있다.

캐시는 마르시의 수줍음에 신물이 났다. 그녀가 들릴 듯 말 듯 말하는 탓에 매번 다시 한번 크게 말해 달라고 부탁해야 했기 때문이다.

한 회의시간에 누군가가 여지없이 마르시에게 좀 더 크게 말해 달라고 부탁하자, 캐시는 결국 이렇게 말했다.

"마르시는 신경 쓰지 마세요. 그녀는 말을 못 합니다. 무슨 이야기를 하든 한마디도 들리지 않을 것입니다. 의문이 있다면 제게 질문하십시오."

마르시는 화를 버럭 내며 캐시가 처음 듣는 가장 큰 목소리로 "무슨 말씀이십니까? 저도 말을 할 수 있습니다!"라고 소리쳤다. 그 후 마르시는 최소한 캐시 앞에서는 '수줍은 사람'이라는 전략을 쓰지 않았다.

작게 말하는 사람들은 다른 사람들이 자신을 수줍음 많고 순진하며 예의 바른 사람으로 생각하기를 바라는 경향이 있다. 하지만 사실 이들은 화를 잘 내고 공격적인 사람들이다. 실제로 나는 일부러 작게 말하는 사람들을 무수하게 보았다. 그들은 겉보기에는 유약하고 유순해 보이지만, 그 속에는 분노가 잠재되어 있었다. 작게 말하는 사람을 조심하라. 주위에 이러한 사람이 있다면 머지않아 그가 위험인물임을 알게 될 것이다. 이들은 결코 그들의 목소리처럼 연약하지 않다.

목소리와 감정에 대해 연구한 학자들은 작게 말하는 사람들의 내면에 슬픔이 있음을 발견하기도 했다.

| 말끝을 흐릴 때

말끝을 흐리는 사람들은 작게 말하는 사람들과 달리 교묘하게 남을 조종하거나 우위를 차지하려고 하지 않는다. 대신 시작은 좋지만 끝에 가서는 방향을 잃기 때문에 결말을 확실히 맺지 못하는 경우가 종종 생긴다. 일상생활에서도 일을 벌이고 제대로 끝맺지 못하는 경향이 있다. 대개 자신감이 없는 탓에 쉽게 좌절해 임무를 완수하지 못한다.

모리는 프레젠테이션을 준비하면서 나의 상담실을 찾았다. 그는 공개적으로 사람들 앞에 나서는 것에 대해 고민하고 있었다. 그는 음색이 풍부하고 듣기 좋은 저음을 갖고 있었지만 말끝을 흐리는 경향이 있었다.

나는 모리에게 시작한 일을 제대로 마무리하지 못하는 편인지 물었다.

"평생 그랬죠. 제 아파트를 보셔야 하는데…. 어찌나 지저분한지 가정부도 어디서부터 손대야 할지 모르겠다고 하더군요. 대학 졸업도 8년이나 걸렸습니다. 제가 과연 졸업할 수 있을지를 두고 친구들끼리 내기도 했다고 하더군요. 직장에서도 프로젝트 마무리하기가 힘들고요. 사실 이 프레젠테이션도 무사히 마칠 수 있을지 잘 모르겠습니다."

나는 그의 말투에 그러한 행동이 반영되고 있으니 말투와 행동을 바꾸자고 제안했다. 숨을 들이쉬고 힘차게 울리는 목소리를 통해 자기 생각을 표현하고, 하고 싶은 말을 모두 마칠 때까지 잠시 멈추었다가 숨을 들이쉰 다음 천천히 자기 생각을 말하라고 했다.

연습을 시작하자 그는 멋진 목소리를 내기 시작했고 말끝을 흐리던 습관이 사라지면서 훌륭하게 프레젠테이션을 마칠 수 있었다. 이후 나는 숨을 들이쉬었다가 내뱉는 이 전략을 일상생활에서 언제든 이용할 수 있도록 가르쳤다. 그의 목소리는 그의 인생까지 바꾸어 놓았다. 생전 처음으로 마무리를 한 일이 엄청난 결과를 낳았기 때문이다.

| 공격적으로 말할 때

공격적으로 말하는 사람들은 경쟁심이 강하기 때문에 대화를 나누는 도중에도 종종 분통을 터뜨리곤 한다. 따라서 이들과 대화를 하다 보면 갑작스럽게 돌변하는 상황으로 인해 당황하거나 깜짝 놀랄 수 있다.

예를 들어보자. 주말에 있었던 일을 주제로 편안하게 대화하고 있는데 공격적으로 말하는 사람이 느닷없이 큰 소리를 낸다면 마치 시비를 거는 것처럼 들릴 것이다. 결국 즐거워야 할 시간이 괴로워지고, 공격적인 분위기가 상황을 압도할 것이다.

이들은 편안하게 대화를 나눌 때조차 항상 '적'을 이기려고 덤벼드는 사람 같아 보인다. 그렇기 때문에 먼저 공격적인 말투로 유리한 입지를 차지하려고 하는 것이다.

| 흥분한 듯이 말할 때

앨리스는 따발총처럼 쉴 새 없이, 속사포처럼 빠르게 지껄였다. 그녀는 아무리 사소한 일도 대단한 일인 듯 흥분했고, 그녀의 인생은 롤러코스터처럼 숨 가빴다. 언뜻 보면 앨리스는 귀엽고 매력적이며 활기찼기 때문에 그녀와 함께라면 언제나 즐거울 것처럼 보였다. 하지만 흥분한 듯한 그녀의 말을 듣다 보면 사람들은 금세 지치곤 했다.

앨리스는 상대방이 화제를 바꾸려고 하거나 자기의 고민을 털어놓으려고 할 때면 공감하지 못했다. 화제가 자신과 무관하면 듣지 않았던 것이다.

앨리스처럼 말이 빠르고 흥분한 듯 보이는 사람들은 다른 사람들을 흥분시킬 수 있는 장점을 가지고 있다. 즉 사람들을 어떤 일에 적극적으로 참여하도록 유도할 수 있다. 또한 이들은 무슨 일이든 재미있게 이야기한다. 항상 지칠 줄 모르는 에너지와 열정이 있기 때문에 보고 있으면 재미있다.

그러나 이들은 자신이 무슨 말을 하는지 모르는 경우가 많고, 상대방의 금전적·정서적 이익에는 관심이 없을 수도 있으니 이들에게 이용당하지 않도록 조심해야 한다.

| 화를 내듯 말할 때

화를 내듯 말하는 사람은 상대방에게 반발감을 불러일으켜 싸움이 벌어질 수 있다. 주로 어깨에 힘이 들어간 사람들이 화를 내듯 말하는데, 이들은 싸움이나 문제를 찾아다닌다. 언제든 남을 비난할 준비를 하고 있으며, 피해의식을 품고 비난할 대상을 물색한다.

화를 내듯 말하는 사람들은 자주 다른 사람을 말로 공격한다. 마치 "어디 한번 나를 이겨봐라!", "내가 싫어하는 짓을 하기만 해봐라, 가만두지 않을 테니까!"라고 외치는 것 같다. 화를 내는 듯한 말투는 상대방으로 하여금 이유도 없이 공격받는다고 느끼게 하기 때문에 짜증을 유발하고 불쾌감을 불러일으킨다.

이들은 마음속에 화염방사기를 갖고 있는 것처럼 뭔가 마음에 들지 않으면 그 즉시 입에서 불을 내뿜어 무엇이든 태워버린다. 당신 주변에 화를 내는 듯한 말투를 가진 사람이 있다면 그에게 말로써 3도 화상을 당하기 전에 가능한 한 멀리 떨어져 있으라고 충고하고 싶다.

| 시큰둥한 말투

시큰둥하게 말하는 사람은 무관심하고 냉정하며 불안정해 보인다. 이런 인상은 이들의 실상과 크게 다르지 않다. 이들은 자기감정에 무심하고, 사람들과 지나치게 가까워지는 것을 두려워하기 때문에 상대방과 정서적·언어적 거리를 유지한다.

시큰둥한 말투는 우울증이나 내면의 슬픔을 반영한다. 이들은 부족한 자신감과 두려움을 들키지 않기 위해 사람들과 일정한 거리를 유지하려고 무관심한 목소리로 상대방과 거리를 두는 것이다.

존의 회사는 운영난에 허덕였다. 하지만 더 큰 문제는 존의 인간관계였다. 아무도 그를 진심으로 좋아하지 않았다. 존은 그 이유를 알 수 없었다.

"존은 좀 이상하지 않아? 진짜 마음에 안 들어. 숨이나 쉬는 걸까? 꼭 시체 같아. 존과 대화하다 보면 벽에다가 대고 말하는 기분이야."

존은 화장실에서 자신에 대해 떠들어대는 직원들의 대화를 엿듣고 나서야 시큰둥한 말투가 자신의 인간관계를 어렵게 만들었음을 알게 되었다.

시큰둥한 말투는 상대방을 화나게 만든다. 아무런 반응이 없어 맥이 빠지기 때문이다. 대개 사람들은 이들에게서 어떤 식으로든 반응을 이끌어내기 위해 좀 더 활기차게 이야기하지만 그럼에도 이들은 아무 반응을 보이지 않는다. 이들의 이러한 태도는 결국 상대방을 지치게 하고 거부당했다는 느낌을 주어 화나게 만든다.

또한 시큰둥하게 말하는 사람은 자신의 마음을 솔직하게 전달하지 못하기 때문에 사람들은 이들이 무슨 말을 하려고 하는지 이해하기 힘들어하고, 비열하거나 정직하지 못하다는 인상을 받는다.

| 지나치게 달콤한 말투

지나치게 달콤하게 말하는 사람은 겉과 속이 다른 경우가 많기 때문에 신뢰하기 어렵다. 이들은 잠시 동안은 상대방을 기분 좋게 만들지만 진실하지 않기 때문에 금방 신뢰를 저버린다.

달콤한 말투 안에는 엄청난 열기가 부글부글 끓고 있다. 이들의 이중적인 메시지와 일관성 없는 행동을 주시하고 말과 행동이 다르다는 것을 명심해야 한다.

| 말끝을 올릴 때

말끝을 올리는 사람은 무슨 말을 하든 질문하는 것처럼 들린다. 자기 이름을 말할 때조차 말이다. "안녕하세요? 전 메리 존스인데요? 캔자스시티에서 왔어요?" 이러한 말투는 남자보다 여자에게서 더 많이 발견된다. 또래집단과 어울리기 위해 이러한 말투를 습득하거나 또는 소속감을 느끼기 위해 다른 사람을 따라 하다가 말투가 익은 경우도 있다.

한 내담자는 12년 동안 한 직장에서 일해왔지만 번번이 승진에서 탈락했다. 그녀는 그 이유를 찾기 위해 상담을 의뢰한 것이었는데, 나는 그녀를 보자마자 그 이유를 알 수 있었다. 그녀의 말투는 마치 신입사원 같았던 것이다. 실제로 그녀의 입에서 흘러나오는 말은 대부분 허락을 구하거나 질문하는 투였다.

상담을 하다 보니 그녀는 자신이 막중한 책임감을 감당할 수 있을지 확신하지 못했다. 이혼 후 아이들을 기르며 혼자 많은 일을 감당해야 했기에 그녀는 자기의 삶에 대해 회의감을 가지고 있었다. 말끝을 올리거나 질문하는 듯한 말투는 그러한 그녀의 감정상태를 반영하고 있었다.

그녀는 나와의 상담을 통해 자신감을 높이는 훈련을 하면서 더 이상 질문하는 듯한 말투를 쓰지 않게 되었다. 일에 대해서도 자신감을 가지고 더 큰 책임감을 받아들였으며, 자신을 대신해 자녀를 돌봐줄 사람을 고용했다.

누구나 맑은 음색으로, 듣기에 적당한 높낮이로 말하는 법을 습득할 수 있다. 또 대화를 나눌 때 좀 더 적극적이고 감정적으로 솔직해질 수도 있다.

말투를 바꾸는 것만으로 인간관계는 물론 직장생활이나 사회생활에서의 성공을 기대할 수 있다.

3장. 성격유형

1
14가지
성
격
유형

고대 그리스 의사 갈레노스부터 프로이트와 칼 융을 거쳐 매슬로, 그리고 데이비드 커시 같은 현대의 심리학자에 이르기까지 성격유형을 연구한 학자들의 연구목록은 실로 엄청나다. 이 연구들만 봐도 수많은 학자들이 수 세기에 걸쳐 진정한 자아, 우주와 조화를 이루는 방법 등의 신비를 풀기 위해 노력해 왔음을 알 수 있다.

세상에는 나쁜 사람도 있고, 훌륭하고 존경할 만한 사람도 있다. 사람의 성격을 파악하기 위해서는 외모보다는 그들의 내면을 들여다봐야 한다. 귀여운 들창코, 크고 남성적인 턱, 고른 치아를 보면서 그의 성격이 좋은지 나쁜지 알 수 없다. 마찬가지로 귀가 크고 매부리코라고 해서 성격이 나쁘다고 단정할 수 없다. 그가 어떤 사람인지 제대로 읽기 위해서는 어떤 언어를 사용하는지, 어떤 표정을 짓는지, 어떻게 움직이는지, 어떤 말투를 쓰는지 즉 언어/표정/몸짓/말투를 보아야 한다.

사람의 성격을 분석하기 위한 첫 단계는 관찰이다. 관찰은 반드시 객관적으로 이루어져야 한다. 그다음은 한 단계 깊이 들어가 정서적으로 관찰해야 한다. 성격을 분석할 때 가장 중요시해야 할 점은 바로 지속성이다. 일시적인 현상이 아니라 지속적으로 계속해서 드러나는 현상만을 포착해야 한다.

지속성이 발견되더라도, 사람은 무생물이 아니기 때문에 언제든지 성격이 변할 수 있음을 염두에 두어야 한다. 몇 년 전, 심지어 몇 달 전에는 이렇게 행동했던 사람이 어느 날 인생을 바꿀 만한 일로 인해 180도 달라질 수도 있다. 따라서 누군가의 성격에 대해 결론을 내리기 전에 충분한 시간을 두고 관찰할 필요가 있다.

이번 장에서는 성격유형을 분석해보고자 한다.

심리적 문제

심각한 심리적 문제 때문에 정상적인 생활을 할 수 없는 이들이 상당히 많다. 정신분열증에 걸린 사람들은 현실감각이 없고 다른 사람들이 도저히 이해할 수 없는 말을 중얼거린다. 또 본인도 모르게 얼굴과 몸을 독특하게 움직이기도 한다. 조울증이나 우울증이 있는 사람은 독특한 말과 목소리 형태를 갖고 있으며 말을 더듬거나 지나친 수다, 허황된 꿈, 지극히 단조로운 말투, 혹은 아예 말을 하지 않는다. 또 질환에 따라 지나치게 많이 움직일 수 있고, 얼굴과 몸 근육을 거의 움직이지 않을 수도 있다. 성격장애가 있는 사람들은 표정이 굳어 있고 때로는 화가 난 듯이 보이기도 한다. 이들은 다른 사람들과 어울리기가 힘들다.

이 책에서는 정상적인 사람들의 성격유형에 대해 다루고 있기 때문에 심리적 문제를 가진 사람들은 예외적인 경우로 알아두기를 바란다.

첫인상을 평가할 때의 문제점

사람들은 단 몇 초 만에 상대방의 첫인상을 결정한다. 이렇듯 첫인상은 정보가 지극히 적은 상태에서 이루어지기 때문에 위험할 수 있다. 때로 첫인상은 편견과 편협, 무지로 결정되기도 한다. 이를테면 자신을 거절했던 누군가와 닮았다는 이유로, 싫어하는 친척과 어딘지 비슷하다는 이유로, 혹은 싫어하는 스타일의 옷을 입었다는 이유로 상대방을 싫어하게 될 수도 있다. 이런 식의 즉흥적인 판단이 아니라 각 성격유형에 대한 정보와 자료를 토대로 정확하고 지혜롭게 판단할 수 있어야 한다.

14가지 성격유형

대학에 재직하면서 수년 동안 의사소통 분야의 글을 읽고 자료를 수집하며 사람들을 실험해본 결과 특정 성격유형을 가진 사람들은 비슷하게 말하고 행동한다는 것을 발견했다.

비록 깨닫지 못했겠지만, 누구나 나와 비슷한 경험을 했을 것이다. 친구와 다투었던 고등학교 시절을 회상해보라. 또 인생을 10년 단위로 묶어서 돌아보라. 입씨름을 했던 사람들을 떠올려보고 그들이 당신에게 무슨 말을 어떻게 했는지 기억해보라. 그들은 당신을 어떻게 쳐다보고 어떻게 행동했는가? 이번에는 사이가 좋았던 사람들을 떠올려보고 그들의 언어/표정/몸짓/말투를 떠올려보라. 일정한 패턴이 보일 것이다.

나아가 언어/표정/몸짓/말투로 사람들의 성격을 분류할 수 있다. 예를 들어, 말에 일관성이 없고, 얼굴을 자주 찌푸리며, 큰 동작과 잦은 손가락질로 위협감을 주고, 툭툭 끊는 말투를 사용하는 사람은 다소 불량스러운 성격임을 알 수 있다. 반대로 미소 지으며 상대방을 반기고, 대화할 때는 눈을 마주치며 상대에게 몸을 기울이고, 손과 팔을 이용해 이야기의 핵심을 강조하고, 낭랑한 목소리로 활기차게 말하는 사람은 진심으로 남을 배려할 줄 아는 정직하고 진실한 성격임을 알 수 있다. 이러한 사람과 대화를 나누면 그가 진심으로 당신에게 관심을 가지고, 당신의 가치를 인정하고 있다는 인상을 받게 될 것이다.

아래에 제시된 14가지 성격유형은, 바람직한 유형보다 바람직하지 않은 유형이 더 많다. 바람직하지 않은 성격유형을 더 많이 제시한 이유는, 나쁜 사람들을 정확하게 파악하고 당신이 스스로를 보호할 수 있도록 돕기 위해서다. 또한 바람직한 성격유형은 대개 바람직하지 않은 성격유형과 반대되는 경우라고 보면 된다.

각 유형에서 특징적으로 보이는 언어/표정/몸짓/말투를 자세하게 설명해 두었다. 의사소통의 4가지 수단인 언어/표정/몸짓/말투 중 단 하나의 수단만으로 어떤 사람에 대한 결정적인 단서를 포착할 수도 있지만 4가지 단서를 동시에 활용한다면 좀 더 정확하게 그 사람의 진짜 모습을 간파할 수 있다.

1. 수동적 공격형

언어

냉소적인 말을 하거나 상대방을 웃음거리로 만들고 "농담이야."라고 말한다. 때로는 상대방에게 아양을 부리거나 괜한 칭찬을 늘어놓는다.

그중에는 말수가 적고 오랫동안 마음에 품었던 말을 하는 사람도 있다. 몇 년 동안 혼자 가슴에 품어둔 독설을 어느 날 갑자기 상대에게 퍼붓는 것이다. 평상시에는 감정을 억누르지만 감정이 폭발하면 모두 쏟아낸다.

또한 이들은 솔직하게 답하지 않는다. 말을 아끼며 많은 정보를 드러내지 않는다. 의견을 물으면 "잘 모르겠다."라고 대답하는 경향이 있다.

표정

입을 꾹 다문 채 억지웃음을 짓는다. 입술 끝이 올라가지 않고, 진짜 웃음이라고 볼 수 있는 그 어떠한 표시도 찾을 수 없다. 분노를 억제하기 위해 무의식적으로 아랫입술을 깨물기도 한다.

몸짓

무의식적으로 몸을 앞뒤로 흔들거나 안절부절못한다. 발을 까딱거리거나 손가락으로 책상을 톡톡 두드리기도 하고, 손과 발을 엉뚱하게 움직이기도 한다. 엄지손가락을 안으로 넣은 채 주먹을 쥐고, 앉아 있을 때 발목을 엇갈리게 꼬기도 하며, 갑자기 고개를 움직이거나 목을 문지르기도 한다. 말을 할 때 몸은 상대방을 향해 있지만 발끝은 반대쪽을 향하는 것이 특징이다. 상대방의 말에 관심 있다는 듯 몸을 앞으로 내밀었다가 갑자기 관심이 없다는 듯 몸을 뒤로 빼기도 하고, 손이 아플 정도로 세게 악수하기도 한다. 말할 때 자신의 부정적인 생각을 억누르기 위해 손을 쓰지 않거나 몸을 꼼짝하지 않기도 한다.

말투

처음 대화를 시작할 때는 강하고 활기차게 말하다가 나중에는 알아듣기 힘들 정도로 말끝을 흐린다. 잘 들리지 않을 정도로 작게 말해서 상대방으로 하여금 더 크게 말해 달라고 요구하게 만들기도 한다.

때로는 상대방에 대한 분노를 감추기 위해 지나칠 만큼 활기차거나, 역겨울 정도로 감미롭게 말하며 입에 발린 소리를 잘한다. 상대방에 대한 분노와 질투를 단조로운 말투로 표현하기도 한다.

내면의 분노를 감추기 위해 입을 벌리지 않은 채 콧소리를 내기도 하며 감정을 억누르기 위해 웃거나 헛기침을 한다.

2. 유혹형

<u>언어</u>

능숙한 말솜씨로 사람을 유혹하는 데 능한 사람들은 원하는 것을 얻기 위해 매력으로 무장하고, 그 매력을 이용해 우위를 차지한다. 상대방을 기분좋게 만들 수 있다면 거리낌 없이 사실을 과장하거나 왜곡하고 음담패설을 하기도 한다. 상대가 듣고 싶어 하는 말을 하며 아첨한다. 자신감을 얻기 위해 끊임없이 참견하고 관심을 끌려고 한다.

이들은 만남 초기에는 상대방의 욕구나 근심, 관심거리에 대해 이야기하지만 어느 정도 친해지면 자신의 욕구와 근심, 관심거리로 화제를 옮긴다. 특히 말할 때 동정심을 유발하려고 노력한다.

거짓말을 하면서도 가책을 느끼지 않으며, 상대방이 거짓말을 눈치채도 교묘한 말솜씨로 빠져나간다. 자신에게 애정을 보여주는 상대방에게 끊임없이 뭔가를 요구하고, 결국에는 물질적인 것까지 요구하기에 이른다. 이들은 원하는 것을 얻기 위해서는 못할 짓도, 못할 말도 마다하지 않는다. 상대방에게서 원하는 것을 얻으면 다른 먹잇감을 찾아 미련 없이 떠난다.

표정

다른 사람의 시선을 절대 피하지 않으며, 일반적으로 시선이 마주치는 2~3초 동안 상대방을 응시한다. 항상 미소를 띠거나 눈이 반짝인다.

눈이 마주친 상태에서 입술을 약간 내미는 등 유혹적인 표정을 다양하게 짓는다. 상대방을 성적으로 자극하기 위해 아랫입술을 살짝 내미는 경향이 있다.

몸짓

대화를 할 때 상대방 쪽으로 머리를 기울이며 관심의 표시를 보인다. 상대의 말에 동의하든 그렇지 않든 무조건 고개를 끄덕인다. 이들의 목표는 상대방의 호감을 사는 것이기 때문이다.

이들은 대부분 상대방의 동작을 흉내 내고 남의 공간을 잘 침범하며, 매력을 과시하기 위해 가까이 접근하기도 한다. 자신의 뜻을 알리고 동의를 구하기 위해 우연히 스친 것처럼 교묘하게 접촉을 시도하는 대담성도 있다. 몸을 상대방 쪽으로 기울이고, 상대방을 지배하기 위해 오랫동안 몸을 가까이한다.

이들은 자세와 몸이 느긋하고 편안하다. 어깨와 골반의 움직임이 당당하고 관심을 끌기 위해 어깨를 쭉 펴고 다리는 서서히 율동적으로 움직인다.

목걸이나 머리카락을 만지작거리기도 하며, 사람들의 시선을 끌기 위해 목이나 입에 손가락을 갖다 대기도 한다. 이들이 도발적이고 섹시한 옷을 입는 것은 먹잇감을 유혹하겠다는 또 다른 신호다.

말투

유혹형 여성은 억지로 귀엽게 말하며 목소리가 높고 헐떡이는 듯하다. 혀짧은 소리를 내기도 하고 키득거리기도 한다.

유혹형 남성은 섹시한 음성을 만들기 위해 목소리를 깐다.

이 유형의 남녀 모두 낮고 감미롭게 말하며 많이 웃는다.

3. 피해의식형

언어

항상 불평하고, 자신을 괴롭히는 사람에 대해 끊임없이 이야기한다. 자신은 아무 잘못이 없다고 생각하기 때문에 늘 남탓을 한다. 자기가 잘못하고도 다른 사람을 탓하며, 자주 의기소침해하고, 자신을 피해자로 생각한다.

표정

이들은 눈을 가늘게 뜨는 것처럼 보인다. 눈썹과 눈꺼풀 주위의 근육이 긴장하기 때문이다. 이마에는 주름이 잡히고, 말할 때 시선을 피하는 경향이 있으며, 슬픔과 불안함의 표시로 입술을 깨물기도 한다.

몸짓

자신감이 없어 보인다. 축 늘어진 어깨에 방어수단으로 팔짱을 끼는 경우가 많고, 고개를 숙인 채 사람들을 올려다본다.

자기 행동의 타당성을 설명할 때 안절부절못하며 침착하지 못하고 몸을 앞뒤로 흔든다. 손을 비틀거나 손톱을 물어뜯는 일도 흔하다. 자신감이 없고 극도로 불안정하며, 안정감을 느끼기 위해 말을 할 때 팔이나 다리를 잡곤 한다. 앉을 때는 불안감을 해소하기 위해 한쪽 다리로 다른 다리를 세게 포갠다.

말투

작게 말하고 목소리 톤이 높으며 말끝을 높인다. 웅얼거리는 경향이 있고 콧소리를 내기 때문에 말이 잘 들리지 않는다. "제발 나를 공격하지 마세요. 나는 연약하답니다."라고 말하는 듯 작고 부드럽게 말한다. 이러한 말투는 내면의 슬픔과 그로 인한 무력감을 나타낸다. 말투가 지루하기 때문에 사람들과 대화하기 어렵고, 자신의 뜻을 제대로 전달하지 못하는 결점을 갖고 있다.

4. 냉정형

<u>언어</u>

말수가 적고 속내를 잘 표현하지 않는다. 특히 감정표현에 인색하며, 지나칠 정도로 또박또박 말한다. 꼭 필요한 대답만 하고 남에게 먼저 말을 거는 일이 거의 없다. 감정을 표현하지 않기 때문에 무슨 생각을 하는지 좀처럼 알 수 없다.

보통 시키는 일만 하고 극단적으로 업무 지향적이다. 수동적 공격형처럼 위협을 느껴서 난폭한 말로 폭발할 때까지는 느긋한 사람처럼 보이기도 한다.

<u>표정</u>

턱이 경직되어 있고 멍한 표정을 자주 짓는다. 좀처럼 시선을 마주치지 않으며 진실함이 없는 가짜 웃음을 짓는다. 불편한 문제에 대해 대화할 때는 하품을 자주 한다. 감정적인 문제에 대해 대화할 때는 침을 삼키기도 한다.

몸짓

자세가 대단히 뻣뻣하다. 이들의 기계적인 몸짓이 차갑고 융통성 없어 보이기 때문에 상대방을 불편하게 만든다.

동작이 조심스럽고 신체접촉이 거의 없다. 안을 때도 몸이 뻣뻣하고 어색하다. 자신의 팔로 몸을 감싸거나 팔짱을 끼는 경우가 많다. 꼿꼿이 세운 고개는 방어적인 태도와 엄격함을 드러낸다.

손을 무릎에 올려놓거나 손끝을 마주 대고 뾰족하게 만들기 때문에 다른 사람을 비판하는 것처럼 보인다. 유대관계를 맺지 않기 위해 악수할 때 서서히 손힘을 뺀다. 타인과 연결되는 것을 싫어하기 때문에 거리를 유지하며, 자신의 영역이나 조직 밖의 상황에서는 불안감을 느끼기도 한다.

말토

감정을 드러내지 않고 일정한 톤으로 말한다. 감정표현 없이 원칙대로만

하는 경향이 있기 때문에 이들을 읽기란 쉽지 않다.

5. 소심형

언어

전형적인 소심형은 말이 적다. 문제를 일으킬까 봐 마음에 있는 말을 하지 못하는 경우가 많으며, 대부분 마음이 약하다. "모르겠다."는 말을 자주 하고 자기 관점을 제대로 고수하지 못한다. 앞에 나서지 않고 스스로를 부정적으로 말한다. 언제나 자신을 깎아내리며, 주저하고 자신 없이 말한다.

표정

눈을 마주치지 않으려고 하고 어쩌다 상대방과 눈이 마주치면 먼저 시선을 피한다. 얼굴에는 두려운 기색이 역력하고 눈빛에서도 공포와 긴장감이 엿보인다. 눈썹을 자주 찌푸리며, 아랫입술을 깨물기도 한다. 어떤 문제를 피할 수 없을 때는 얼굴을 붉힌다.

몸짓

머리를 자주 긁는데, 이는 당황하고 있다는 의미다. 악수할 때 손에 힘이 없다. 대부분 어깨를 구부정하게 하고 몸을 앞으로 숙인다. 몸을 앞뒤로 흔들기도 하며, 팔짱을 끼는 일이 많다. 긴장하고 불편하면 자기 몸이나 물건을 붙잡는다.

말투

작게 말하고 목소리가 힘이 없고 떨린다. 이는 망설임과 주저함을 보여준다. 실수하지 않으려고 천천히 말하기도 한다.

6. 거짓말쟁이형

언어

거짓말쟁이는 자주 옆길로 빠지고 묻지 않은 말까지 주절댄다. 적당히 둘러대고 장황하게 말한다. 말을 할 때 "음", "저기", "그러니까" 같은 말을 자주 하고 머뭇거린다.

유혹형처럼 거짓말쟁이형은 원하는 것을 얻기 위해 자신의 매력을 이용한다. 이중적인 거짓말쟁이형은 상대방을 치켜세우다가 결국에는 비참하게 만든다. 중요한 사람처럼 보이기 위해 남에 대한 이야기를 상대방에게 전한다.

표정

거짓말쟁이의 눈은 두 가지 현상을 보인다. 말할 때 의도적으로 시선을 피하거나 혹은 뚫어지게 바라본다. 입을 꾹 다문 채 눈가에 주름이 지지 않는 억지웃음을 짓는다. 그 밖에 다른 가짜 표정도 자주 짓는다.

눈을 자주 깜박이고, 말을 하거나 상대방의 말을 들을 때 손가락을 입술에 대거나 손으로 입을 가리곤 한다.

몸짓

거짓말쟁이형 중에서 남자는 거짓말을 할 때 넥타이를 느슨하게 풀고, 여자는 손을 목에 갖다 대는 경향이 있다. 말할 때는 손을 숨기거나 안절부절못한다. 불안하고 불편하면 몸을 앞뒤로 흔든다. 간혹 정반대로 미동도 하지 않고 앉거나 서는 경우도 있는데, 지나치게 꼼짝도 하지 않아 뻣뻣해 보일 정도다.

거짓말하는 사람은 자신이 지어낸 이야기를 생각해야 하기 때문에 손을 움직이지 않는다. 말을 하는 동안 몸짓이 점점 줄어드는 것을 볼 수 있다.

발을 보면 거짓말을 하고 있음을 보다 쉽게 알 수 있다. 발을 허공에서 까딱거리기도 하고, 발가락은 상체와 다른 방향을 가리키기도 한다. 그 외에도 한쪽 어깨를 으쓱하는 경우를 자주 볼 수 있다. 사람들과 신체접촉을 많이 하지만, 이것은 상대방을 지배하기 위한 적대적 접촉이다.

말토

거짓말쟁이형의 목소리는 느긋하고 생기가 없다. 거짓말을 할 때는 목소리가 높아진다.

7. 자기도취형

언어

자기도취형은 자신에 대해서만 이야기하고, 아무리 칭찬을 많이 들어도 만족할 줄 모른다. 상대방이 듣고 싶어 하지 않아도 자신에 대한 이야기를 시시콜콜 늘어놓으며, 사람들에게 충격을 주고 관심을 끌기 위해 적당하지 않은 주제를 꺼낸다.

'나', '나는'이라는 말을 많이 쓴다. 자신에 대한 주제가 아니면 관심을 갖지 않는다. 따분함을 덜기 위해 결국에는 다시 자기 이야기를 늘어놓기 시작한다.

표정

무시당하면 억지웃음을 짓는다. 반대로 관심을 받을 때는 환하게 진짜 웃음을 짓는다. 인정받을 때는 얼굴에서 빛이 나는 것처럼 보인다. 자신에게 관심을 보이는 사람과 시선을 마주치지만 그것도 자기 이야기를 할 때뿐이다.

자신에게 관심을 가질 만한 사람을 찾아 사방을 둘러보고, 또는 사람들이 자신을 보고 있는지 확인하기 위해 사람들을 바라본다.

몸짓

자기도취형은 멋있고 중요한 사람처럼 보이기 위해 꼿꼿한 자세를 취한다. 자기에 대한 이야기가 아니면 뒤로 기대 있거나 구부정하게 앉거나 머리를 손으로 받치기도 한다.

앉을 때는 다리를 앞으로 쭉 뻗는다. 자기 존재를 알리기 위해 손과 팔을 많이 쓰며, 거리낌 없이 상대방에게 신체접촉을 하는 경향이 있다.

말투

자기도취형의 목소리는 크고 불쾌하게 들린다. 가능한 한 많은 사람에게 자기 말을 들려주려는 것이다. 자신에 대한 이야기를 할 때는 대단히 활기차고 쾌활하게 말하지만, 그렇지 않을 때는 맥 빠지고 낮은 목소리로 말한다.

8. 속물형

<u>언어</u>

속물형은 남을 무시하는 듯한 태도로 경멸하듯 말하기 때문에 말이 기계적이고 딱딱하다.

말이 빠르고 항상 대답할 말을 준비한다. 눈이 날카롭고 대부분 화제를 주도한다. 성공하기 위해서는 좋은 연줄이 있어야 한다는 것을 잘 알고 있기 때문에 사회적으로 비중 있는 사람들에게 아부하기를 좋아한다. 남에게 과시하기 위해 최신 유행어, 어려운 말, 사투리나 속어를 쓰는 경향이 있다.

속물형이 가장 두려워하는 것은 외면당하고 혼자 남는 것이다. 외톨이가 되기보다는 열등해 보이는 사람과 어울리는 게 낫다고 생각한다. 이들은 고독을 싫어한다. 또한 속물형은 자기도취형처럼 자기 말을 들어주는 사람을 원한다. 또 자기중심적으로 이야기하고 자기가 훌륭한 사람이라는 것을 자랑하기 위해 '나'라는 말을 많이 쓴다. 한번 이야기를 시작하면 끝이 없고 누가 끼어들려고 하면 무시한다.

표정

속물형은 입술 양끝을 당겨 턱에 주름이 생기는 억지웃음을 짓곤 한다. 또 억지웃음을 지을 때는 턱을 올리고 내려다본다. 심지어 눈썹을 올리고 입술은 오므린 채 눈을 감기도 한다. 상대방의 말이 마음에 들지 않으면 갑자기 고개를 젖히기도 한다. 이들은 언제나 가장 영향력 있고 도움이 될 만한 사람을 찾기 위해 부지런히 눈을 굴린다.

몸짓

이들은 사람들과 거리를 유지하기 위해 곧고 뻣뻣한 자세로 몸을 뒤로 젖힌다. 허리춤에 손을 얹은 채 팔꿈치를 벌린 자세를 종종 취하기도 한다. 말을 할 때 손등을 보이는 경우가 많고, 지루할 때는 손가락을 깍지 낀 채 양손 엄지를 돌린다.

말투

말할 때 입을 크게 벌리지 않고 콧소리를 낸다. 대부분 신중하고 툭툭 끊어지듯 말하며 발음이 정확해서 비판적인 사람이라는 인상을 준다. 게다가 자신보다 열등하다고 여기는 사람들에게는 짜증 내듯 새된 소리를 낸다.

9. 경쟁형

<u>언어</u>

경쟁형은 무슨 말을 하든 상대방을 이기려고 하고 남이 말할 때 자주 끼어든다. 상대방이 귀여운 강아지가 있다고 말하면, 자신에게는 더 크고 혈통이 좋은 개가 있다고 이야기하는 식이다.

이들은 사사건건 꼬투리를 잡으려고 애쓴다. 아무리 좋은 말이나 별생각 없이 한 말에도 트집을 잡는다. 동의를 하든 안 하든 간에 무조건 반대하고 본다. 어쩌다 동의한다 해도 우위를 차지하기 위해 단점을 찾거나 보충하는 말을 덧붙인다.

<u>표정</u>

경쟁형은 타인과 눈을 마주치는 것을 불편해한다. 때문에 사방을 둘러보거나, 곁눈질을 하기도 한다.

상대방이 자신보다 더 낫다는 것을 알면 침을 삼키거나 입술을 핥는다.

이들은 남이 잘되는 것을 좋아하지 않기 때문에 상대방에게 좋은 일이 생겼다는 말을 들으면 표정이 바뀐다. 마음 깊은 곳에 질투와 부러움을 품고 있다. 프로이트의 말처럼, 이들은 언제나 상대방을 파멸시키고 싶어 한다.

몸짓

경쟁형은 질투심 때문에 몸이 경직되어 있다. 이들은 경쟁상대와 물리적 거리를 유지한다.

정보를 얻기 위해 어쩔 수 없이 인간관계를 맺어야 하는 경우, 과장된 몸짓으로 등을 두드리거나 악수나 포옹을 하기도 한다. 악수를 할 때 상대방에게 위압감을 주기 위해 무의식적으로 손에 힘을 주는 경향이 있다.

상대방에게 위협을 느낄 경우, 우위를 차지하기 위해 신체접촉을 하거나 팔짱을 끼기도 하고, 주먹을 쥐기도 한다.

말투

말이 빠르고 다른 사람이 자기 말에 끼어드는 것을 참지 못한다. 질투심 때문에 긴장한 듯 말하는 경향이 있다.

10. 희생형

언어

희생형의 사람들은 개방적이고 표현을 잘하며 의사소통이 원활하다. 특정 사람과 상황에 대해 정서적으로 어떤 느낌을 받았는지 자주 이야기한다. 행복·슬픔·분노를 느끼거나, 상대방이 의심스럽거나, 혹은 누군가를 사랑할 때 이러한 자신의 감정을 솔직하게 이야기한다. 이들은 진실한 감정을 표현하면서 자신이 가진 것을 많이 베푼다. 자신보다는 상대방과 상대방의 경험에 대해 이야기하고 배려한다. 이기적이지 않고, 언제나 상대방에게 관심을 갖는다.

이들은 상대방의 걱정거리나 질문에 예민하게 반응하며, 자신의 시간을 들여 좋은 말이나 도움이 될 만한 말, 좋은 정보를 준다. 남의 말을 잘 들어주고 잘난 척하는 일이 거의 없다. 상대방을 기쁘게 해주기 위한 다정한 말이나 칭찬을 많이 한다. 상대방에게 무례하게 굴거나 상처주는 말을 하지 않는다.

표정

상대방의 눈을 똑바로 바라보며 동정과 관심 어린 표정을 짓고 공감하는 듯한 눈길을 보낸다. 언제나 환한 미소를 짓는 이들과는 누구라도 친구가 될 수 있다.

몸짓

다른 사람과 신체접촉을 많이 하는 편이며, 손길이 따뜻하고 솔직하다. 악수할 때는 손에 적당하게 힘을 주고, 한 손을 상대방의 손에 얹으면서 양손으로 악수하는 경우가 많다. 이러한 행동은 상대방으로 하여금 환영받는다는 느낌을 갖게 한다. 대화할 때는 상대방 쪽으로 몸을 내미는 경향이 있다.

걷거나 서 있을 때는 남의 눈에 띄지 않으려고 하고 몸짓과 자세가 조심스럽다. 어떤 공간에 들어갈 때는 약간 등을 웅크리고 발끝으로 조심스레 걷는다.

말투

말투가 상냥하고 듣기 좋으며, 따뜻하고 섬세하다. 부드럽고 감미로워서 다른 사람의 마음을 편하게 한다.

11. 불량배형

언어

이들은 언제나 다른 사람을 적대적인 말로 공격할 태세를 갖추고 있다. 앞에서나 뒤에서나 다른 사람을 쓰레기 취급하기 때문에 입에서 좋은 말이 나오는 법이 거의 없다. 이들의 목표는 상대방을 중상모략하는 것이다. 공격적으로 말하고 언제든 말싸움을 대비하기 때문에 상대방을 무시하거나 말로써 상대방을 만신창이로 만든다. 이들은 자신이 원하는 대로 되지 않으면 절대 가만히 있지 않는다. 이들은 상대방과 안면이 있든 없든 사람들에게 인생을 이러저러하게 살라고 충고하기를 좋아하고, 묻지도 않았는데 자기 의견을 말한다. 독선적이고 고집이 세며 사고가 경직되어 있다. 이들은 절대로 타협하거나 사과하지 않으며 자기 잘못을 인정하는 일이 없다.

이들은 부정적이고 적대적인 말을 많이 하며 항상 입에 욕을 달고 다닌다. 또한 무슨 일이나 일반화해서 말하는 경향이 있다. 무뚝뚝하고 인간관계에 서툴며 순식간에 상대방을 무참하게 짓밟는다. 대화를 주도하기 위해 다른 사람의 말을 방해한다.

남을 비난하기 좋아하며, 상대방을 윽박질러 싫은 일을 강제로 시킨다.

표정

눈썹을 찌푸리면서 말한다. 눈을 가늘게 뜨고, 콧구멍을 벌름거리며, 눈빛이 날카롭고 강렬하다. 이러한 모습은 다소 긴장한 듯 보이기도 한다. 분노와 적개심을 나타내는 공격의 신호로 아래턱을 앞으로 내미는 경향이 있다.

몸짓

이들은 무례할 정도로 다른 사람을 아프게 만지고 악수할 때 지나치게 세게 쥔다. 항상 자기 방식을 고집하며, 요란한 소리를 내며 걷는다. 또한 앞으로 몸을 내밀어 공격성을 드러낸다.

말투

대단한 일이라도 벌어진 것처럼 크고 소란스럽게 말한다. 공격적인 말투는 당장이라도 싸움이 벌어질 것 같은 분위기를 자아내고, 자신과 타인에 대한 내면의 적개심과 분노를 드러낸다. 남을 위협할 때의 목소리는 빠르고 툭툭 끊어져서 불쾌하고 공격적이다.

12. 익살꾼형

언어

익살꾼형은 항상 즐겁게 살고, 재치 있는 말솜씨 때문에 늘 주위에 사람들이 몰려든다. 인생을 장난처럼 생각하는 듯 보이지만 사실은 대단히 예민하고 사랑받고 싶은 욕구가 강하다. 뿐만 아니라 열등감 때문에 사람들을 즐겁게 해주고 인정받고 싶어 한다.

이들은 칭찬에 후하고 상대방의 말에 적절히 응수한다. 두뇌가 명석하고 생각이 많기 때문에 다양한 화제를 넘나들면서 단편적으로 말하는 경우가 많다. 그래서 유치하게 보이기도 한다. 이따금 갑자기 농담을 하거나 옆길로 새는 경우가 있어서 이들의 말을 따라가기 어려울 때도 있다. 사랑받고 싶어 하기 때문에 상대방을 기분 좋게 할 수 있는 말은 무엇이든 한다. 아낌없이 칭찬하고 대부분 누구에게나 듣기 좋게 말한다.

표정

말을 하지 않을 때도 입이 약간 벌어져 있다. 언제라도 말할 준비를 하거나 다른 사람의 말을 가로챌 기회를 엿보고 있기 때문이다. 말할 때 숨을 많이 들이쉬는 경향이 있어서 어린아이처럼 가슴이 오르내리는 것을 볼 수 있다.

표정에는 생기가 넘치지만 말을 하면서 사방을 둘러보기 때문에 시선을 피하는 경우가 많다. 하지만 자신을 좋아하는 사람은 뚫어질 듯 바라본다.

주위에 사람이 많으면 한 사람에게만 시선을 고정하지 않는다. 어쩌다가 특정 인물에게 시선을 고정하더라도 오래가지 않는다. 옆을 지나가거나 방에 들어온 사람에게 제일 먼저 시선을 보내는 이들 역시 바로 익살꾼형이다.

몸짓

잠시도 가만히 있지를 못한다. 이들에게 가만히 앉아 있으라는 말은 고문에 가깝다. 타인과 신체접촉을 많이 하고 남들 또한 자신을 많이 접촉해주기를 바란다. 신체접촉이 없으면 대화가 불가능해 보일 정도다. 상대방의 영역이나 경계에 대해 생각하지 않기 때문에 선의로 다정한 신체접촉을 시도했다가 낭패를 보기도 한다.

때때로 상황파악을 제대로 하지 못하고 상대방과 지나치게 가까이 서기도 한다. 이들이 조금씩 다가갈 때 사람들이 뒤로 물러서는 것은 당연한 일이다. 누구나 자기 영역을 침범당하는 것을 불편해하기 때문이다.

대화할 때 상대방에게 기대는 경향이 있다. 그 사람을 좋아한다는 신호다. 사실 어떻게 보면 이들은 모든 사람을 좋아한다. 그렇지만 불행히도 모두가 이들처럼 생각하는 것은 아니다. 따라서 이들은 상대방에게 지나치게 친근하게 행동하는 탓에 난처한 상황에 처하기도 한다.

자신의 말을 강조하기 위해 팔과 손을 많이 사용하는 편이다.

말투

목소리가 크고 활기차다. 많이 웃고 사교적이기 때문에 인기가 많다. 끊임없이 이야기하고 큰 소리로 말을 하는 탓에 목소리가 쉰 것처럼 들리기도 한다.

아이처럼 흥분해서 말하며, 평범한 이야기라도 이들의 열정적인 목소리로 들으면 재미있게 들린다. 억양을 자주 바꾸고 다양한 감정을 넣어 활기차게 말하기 때문에 누구나 쉽게 이해할 수 있다.

13. 무의식형

언어

알아듣기 어려울 만큼 띄엄띄엄 말하며, 생각이 많기 때문에 좀처럼 효율적으로 자신의 의견을 전달하지 못한다. 이들의 말은 이해하기 어렵고 오해를 사는 경우도 적지 않다. 이 생각 저 생각을 하고, 금방금방 화제를 바꾸기 때문에 자기 자신을 제외하고는 그 누구도 이들의 생각을 이해할 수 없다.

어린아이처럼 그때그때 떠오르는 생각들을 정리하지 않은 채 충동적으로 내뱉는다. 그 결과, 의도하지 않았음에도 퉁명스럽고 무신경해 보이는 인상을 주며, 상대방의 마음에 상처를 주기도 한다. 또한 이들은 실수를 반복해서 항상 곤경에 빠지는 것처럼 보인다.

사람들은 이 무의식적인 수다쟁이를 알고 보면 재미있는 사람으로 생각하거나 그저 짜증 나고 귀찮은 존재로 여기고 무시한다. 이들은 목소리가 크거나 말이 많다. 어떤 사람을 칭찬할 때는 진실하고 솔직하지만 때로는 지나치게 솔직해서 분별력이 없어 보인다. 때론 혼잣말을 하기도 하고 상대방이 누구든 신경 쓰지 않는다.

사교술이 부족하고 미묘한 표현을 이해하지 못한다. 쉽게 자기 생각에 빠지는 버릇이 있기 때문에 남의 말에 집중하지 못한다. 행동 또한 하고 싶은 대로 한다.

표정

자기 생각에 골몰해 있을 때는 멍해 보인다. 시선을 잘 마주치지 않고, 상대방을 좀처럼 똑바로 보지 않는다. 외모에는 거의 신경 쓰지 않는다. 말할 때 보면 입가나 입술에 침이 묻어 있는 경우가 많다.

몸짓

자세가 곧지 못하다. 어깨를 구부정하게 하고 고개를 푹 숙이며 배를 내미는 경우가 많다. 또한 상대방이 불편해할 만큼 너무 가깝게 접근하는 경향이 있다.

몸짓은 크고 우스꽝스럽다. 팔 동작이 크고 지나치게 손을 까불거리며, 무릎을 꿇거나 책상다리를 하고 앉는 경우가 많다.

이들은 몸에서 나는 냄새나 몸단장, 청결에 대해 무신경한 편이다.

무의식적이기 때문에 물건을 자주 잃어버린다.

무책임한 인간의 전형이다.

말투

지나치게 감정적이고 느닷없이 활기찬 목소리로 웅얼거리기 때문에 이들의 말을 이해하기란 쉽지 않다. 자기 생각에 깊이 빠져 있어 혼잣말을 하는 경향이 있다. 입을 크게 벌려 정확하게 발음하지 않기 때문에 콧소리가 난다. 말끝을 흐리는 경향이 있어서 무슨 말인지 알아듣기 힘들다. 말의 속도도 극단적이어서 너무 빠르거나 너무 느린가 하면, 너무 크거나 너무 작다. 재미있는 일이 생각나면 다른 사람에게 이야기하지 않은 채 혼자 크게 웃곤 한다.

14. 진국형

<u>언어</u>

친절하고 예의 바르며 애정을 담아 이야기한다. 말하기 전에 생각하기 때문에 말실수를 하는 법이 거의 없다. 자신의 말과 행동에 책임을 지며, 진심으로 남을 칭찬하고, 긍정적으로 말하는 낙천주의자다.

행동의 결과에 책임져야 한다는 것을 알고 있기 때문에 마음속 생각과 겉으로 표현하는 말이 일치한다. 상대방을 있는 그대로 받아들이고 평가하지 않는다. 자기 자신보다는 주위 사람들에게 더 많은 관심을 갖는다. 그러므로 대부분 자신이 아니라 상대방에 대해 이야기한다. 상대방과 정보를 공유하고 일방적인 설교가 아니라 대화를 하도록 신경 쓴다.

이들은 현실적이고 겸손하며 가식이 없다. 건전한 유머감각을 갖고 있으며, 어떤 사람을 비웃어서 웃음을 끌어내지 않는다.

냉소적이지 않고 다른 사람을 중상모략하지 않는다. 직선적이고 정확하게 핵심을 말하며 누구나 이해하기 쉽게 이야기한다. 상대방의 말에 진심으로 귀를 기울인다. 매사에 감사하고, 감사의 마음을 진심으로 표현한다.

표정

상대방의 눈을 지그시 응시하며 대화한다. 평소에는 느긋한 표정으로 풍부한 감수성을 나타낸다. 이들의 얼굴은 자연스럽고 대화 중에 자주 미소를 짓는다. 웃을 때는 입술 끝이 올라가고 눈가에는 주름이 지며 기쁨과 행복을 표현한다.

몸짓

동작이 유연하고 여유 있기 때문에 매력적이고 사람들을 편안하게 만든다. 다른 사람과 접촉하는 것을 두려워하지 않기 때문에 말을 할 때 상대방에게 몸을 기울인다. 상대방에게 용기를 주고 고개를 끄덕이며 적극적으로 관심을 표현한다. 자세가 자연스럽고 느긋하지만, 고개를 바로 하고 어깨를 펴며 등을 세우는 등 강한 면이 엿보이기도 한다.

몸짓이 당당하고 핵심을 표현하기 위해 손과 팔을 효율적으로 사용한다. 앉아 있을 때는 다리를 약간 벌리거나 꼰다. 발은 바닥에 붙이고 상대방을 향해 놓는다.

말투

자신의 감정을 다양하게 표현한다. 대화를 나눌 때 상황에 적합한 감정을 표현한다. 화가 났을 때, 행복할 때, 두려울 때, 확신이 없을 때 등 말투에서 바로 그 감정이 묻어난다. 화제에 따라 말투를 바꿀 수도 있다.

발음이 정확하고 목소리가 깊고 풍성하며 낭랑하게 울린다. 생기 있는 목소리에는 인생에 대한 열정이 담겨 있으며, 자꾸만 귀를 기울이게 만든다.

이제 언어/표정/몸짓/말투가 상대방의 성격을 정확하게 판단하는 데 왜 중요한지 알게 되었을 것이다. 새로 얻은 이 지혜를 통해 당신은 상대방을 새로운 눈과 새로운 귀로 보고 들을 것이다. 상대방에 대한 자료가 많을수록 그를 정확하게 판단할 확률이 높아진다. 이를 통해 상대방을 대하는 법과 오래도록 함께 할 사람인지 아닌지를 판단할 수 있을 것이다.

성격유형을 이해하면 사람들과 효율적으로 대화를 나눌 수 있다. 새로 얻은 통찰력으로 타인을 판단하고 관계를 맺을 때 실수를 줄일 수 있으며, 상대방을 과거보다 더 많은 애정으로 대하게 되고 더욱 관대해질 것이다.

2

좋은 사람

vs

나쁜 사람

고대 그리스와 로마인들은 어떤 사람에 대해 그가 자신의 친구가 될지 적이 될지를 빨리 판단하고 그의 정체를 파악하는 것이 매우 중요하다는 것을 알고 있었다. 주요 종교에서도 상대방을 파악하는 것의 중요성에 대해 다룬다. 유교의 가르침은 대부분 사람들의 구체적인 성격유형과 그 성격이 자신에게 미치는 영향을 인식하는 것을 기반으로 한다. 또한 유대교의 탈무드와 이슬람의 코란 모두 인간관계에 영향을 미칠 수 있는 사람들의 특징을 파악해야 한다고 주장한다.

어떤 사람에 대해 언어/표정/몸짓/말투에서 정보를 찾아 이를 종합적으로 살펴보면 그 사람의 감정상태와 성격의 특징을 정확하게 이해할 수 있다. 사람들을 신중하고 객관적으로 판단하고, 그 정보를 통해 상대방의 유형을 파악하자. 그다음 그들이 솔직한지 아닌지, 또는 만남을 계속해도 될 사람인지를 결정하자. 많은 관찰을 통해 마침내 우리는 그들이 우리 인생에서 어떤 역할을 할 것인지를 정확하게 판단할 수 있을 것이다.

언어/표정/몸짓/말투 활용법

'사람을 읽다.' 사람을 읽는다는 게 무엇인지 낯설기도 하지만 사실은 우리는 누구나 일상생활에서 언어/표정/몸짓/말투 중 한두 가지에 의존해 사람을 읽고 있다. 하지만 한두 가지 수단만 가지고는 상대방을 정확하게 읽을 수 없기 때문에 반드시 언어/표정/몸짓/말투를 전부 사용해야 한다.

이 4가지 수단을 사용해 사람을 읽는 연습을 거듭하다 보면 정서적·육체적으로뿐 아니라 지적·정신적으로도 당신은 더욱 연마되고 예리해지게 된다. 또한 여러 신경조직과 감각기능이 하나로 통합되어 두뇌기능도 더 좋아진다. 곧바로 올바른 결정을 내릴 수 있게 되고, 그 누구라도 당당하게 대할 수 있게 된다.

| 본능을 거부하지 마라

언어는 거짓말을 하지 않는다. 표정도 거짓말을 하지 않는다. 몸짓도 거짓말을 하지 않는다. 말투도 거짓말을 하지 않는다. 그러나 불행하게도 사람들은 자기 자신에게 거짓말을 한다.

하지만 이제는 더 이상 자기 자신에게 거짓말을 할 필요가 없다. 억지로 내키지 않는 감정에 따라갈 필요가 없다. 위험하고 불필요한 모험이다. 본능을 거부하지 마라. 이러한 깨달음으로 무장한다면, 처음 만나는 사람도 꿰뚫어볼 수 있다. 그리고 마침내 자기의 감정을 더욱 정확하게 읽어내고 무엇이 진실인지 거짓인지를 알게 될 것이다.

인생은 선택의 연속이다. 모든 사람을 좋아할 수 없으며, 당신의 인생을 비참하게 뒤바꿀 나쁜 사람은 분명히 존재한다. 반면, 당신의 인생을 풍요롭게 만들고 기쁨을 안겨줄 사람도 존재한다.

누군가를 만났을 때 언어/표정/몸짓/말투의 네 가지 수단으로 그를 읽고, 그 결과 그 사람이 당신에게 있어 나쁜 사람인지 좋은 사람인지 판단이 정확히 섰다면 그 판단에 입각해 행동해야 한다. 만일 당신이 상대방을 나쁜 사람이라고 판단했다면 본능에 따라 그 사람을 상대하지 마라. 업무나 가족관계 때문에 어쩔 수 없이 상대해야 한다면 그를 조심하라. 언젠가 당신에게 피해를 줄 것을 알면서도 계속 상대방을 만난다면 마음의 상처뿐 아니라 병에 걸릴 수도 있다.

잊지 않아야 할 것은 '다른 사람을 자기 생각대로 만들 수 없다'는 것이다. 상대방을 당신이 원하는 대로 바꾸려는 생각은 결코 성공하지 못할 것이다. 그러므로, 나쁜 사람은 상대하지 않는 게 최선이다.

당신에게는 당신 자신의 인간관계를 조정할 힘이 있다. 언어/표정/몸짓/말투에서 얻을 수 있는 소중한 정보를 활용해 더욱 윤택하고 풍요로운 삶을 영위하라.

| 자기 자신을 읽어라

나는 운 좋게 나 자신을 객관적으로 읽을 수 있었다. 텔레비전에 출연해 각종 사건의 심리적 의미에 대해 의견을 들려달라는 요청을 종종 받기 때문이다. 내가 나왔던 방송을 다시 보면서 나는 내가 어떻게 말하는지를 객관적으로 분석했다. 나의 언어/표정/몸짓/말투를 분석하고, 마음에 안 드는 부분이 있으면 나의 행동에 따른 원인을 분석했다. 덕분에 상대방에게 신뢰감을 주면서 생각을 효율적으로 전달하는 방법을 익힐 수 있었다.

대부분 사람들은 불행히도 자신의 모습이 남에게 어떻게 비치는지를 파악할 기회가 거의 없기 때문에 자신을 정확히 읽기 힘들다. 자신의 모습을 영상으로 남겨서 보는 방법 외에도, 자신이 평상시 무엇을 하는지 의식하는 것만으로도 자기 자신을 읽을 수 있다. 자기 자신과 상대방을 제삼자의 위치에서 관찰하고 있다고 상상해보는 것이다. 이를테면 자신의 언어/표정/몸짓/말투를 의식해보는 것이다. 가장 중요한 것은 당신에 대한 다른 사람들의 반응이다. 가까이 앉는가? 몸을 뒤로 빼는가? 표정은 어떠한가? 그들은 당신을 보고 있는가? 당신에게 반응을 보이는가? 무시하는가? 그들은 당신 곁에 있기를 좋아하고, 당신의 말을 듣기를 좋아하는가?

자신을 파악하는 것이야말로 자기 자신을 읽는 최선의 방법이다.

| 통찰력을 길러라

이 책을 쓰게 된 동기는 당신이 상대방의 진실을 파악하고, 좋은 사람들을 만날 수 있도록 도와주고 싶었기 때문이다.

멈추고, 사람들을 보고, 듣는 데 시간을 투자한다면 통찰력을 개발해 사람을 정확하게 읽을 수 있다. 어떤 관계의 사람이든 누군가에 대해 중요한 결정을 내려야 할 때, 효율적이고 정확하게 정답을 구할 수 있을 것이다.

이제부터는 자연스럽게 사람들을 읽자. 사람들을 정확하게 판단할 수 있다면 당신은 행복하고 건강하며 좋은 사람으로 가득 찬 인생을 살 것이다.

역자 이은희는 교육학을 전공하고 미학 석사학위를 취득했다. 일요신문 외신부를 거쳐 현재 전문번역가와 도서평론가로 활동 중이다. 옮긴 책으로는 《반 고흐 VS 폴 고갱》, 《고야, 영혼의 거울》, 《아들에게 보내는 편지》, 《당신 자신을 위한 삶을 살아라》, 《사랑을 지혜롭게 하는 방법》, 《좋은 사람을 만나고 싶다면 이렇게 하라》, 《쾌락의 권리》, 《성공 사전》, 《세기의 문》 외 다수가 있다.

당신이 무슨 생각을 하는지 알고 있다

초판 1쇄 인쇄 | 2017년 10월 12일
초판 1쇄 발행 | 2017년 10월 19일

지은이 | 릴리안 글래스
옮긴이 | 이은희
펴낸이 | 한익수
펴낸곳 | 도서출판 큰나무
등록 | 1993년 11월 30일 (제5-396호)
주소 | 경기도 고양시 일산동구 호수로430번길 13-4 (10424)
전화 | 031-903-1845
팩스 | 031-903-1854
이메일 | btreepub@naver.com
블로그 | blog.naver.com/btreepub

값 13,000원
ISBN 978-89-7891-312-6 (03190)